AVERTISSEMENT

Le 5e avatar et sa mission est un recueil de trois conférences données sur le thème de Marie de Bethléem. Nous avons conservé expressément le style oral de ces exposés improvisés par l'auteur.

Ses propos s'inscrivent dans la tradition de l'hermétisme chrétien. Il s'agit d'une tradition initiatique occidentale dont l'enseignement ésotérique, à la fois théorique et pratique, vise un épanouissement intégral de l'être humain et l'établissement d'un nouvel ordre du monde.

Charles-Rafaël Payeur

LE 5e AVATAR ET SA MISSION

L'enseignement traditionnel
de l'hermétisme chrétien

ÉDITIONS DE L'AIGLE

Dépot légal:

Bibliothèque Nationale du Québec
Bibliothèque Nationale du Canada
Bibliothèque Nationale de Paris
Library of Congress, Washington D.C.

ISBN 2-921222-07-8

PREMIERE CONFERENCE
LE MESSAGE DES AVATARS ET DES GRANDS MAITRES

Extrait d'une conférence donnée le 11 avril 1991 à la salle Bréa de Nice et organisée par notre institut de formation ésotérique en France. Nous avons expressément conservé le style oral de la transmission.

LE MESSAGE DES AVATARS ET DES GRANDS MAITRES

✢ ✢ ✢

Ce soir, nous abordons un sujet qui suscite à notre époque un grand nombre de questions, puisque nous parlerons du message des avatars et des grands maîtres. En effet, nous assistons aujourd'hui à une prolifération de sectes, de maîtres, de gourous, d'instructeurs et d'avatars se réclamant tous d'une tradition antique et initiatique. Chacun d'entre eux propose en outre, un enseignement dont la prétention consiste à conduire l'homme à sa réalisation. C'est pourquoi, avant d'aborder le message spirituel des grands avatars, il importe d'abord de s'interroger sur ce qu'il faut entendre lorsqu'il est question d'avatars et de maîtres spirituels, de manière à pouvoir mieux discerner en ce domaine, le vrai du faux.

Aussi, nous allons, dans un premier temps, clarifier ces notions ésotériques en cherchant essentiellement à démystifier les termes « maîtres spirituels » et « avatars ». Dans un second temps, nous étudierons, de manière plus exhaustive, toute une lignée d'avatars dont la charge fut de guider le peuple occidental tout au long de son évolution. Nous chercherons enfin à mieux saisir le sens de leur message tout en découvrant en quoi il demeure tout aussi essentiel à notre époque.

Comme nous venons de le souligner, il est d'abord très important de démystifier les concepts de maîtres spirituels et d'avatars. En effet, nous sommes confrontés, depuis quelques années, à une abondante littérature fantastique nous décrivant de mystérieux personnages doués de pouvoirs surnaturels. A la lumière de ces récits, parfois même portés sur le grand écran, nous imaginons volontiers le maître spirituel comme un être parfait, omniscient et tout-puissant. C'est également ce que semblent confirmer bon nombre d'écrits ésotériques portant sur les mahatmas (Blavatsky), les frères aînés (Heindel) ou encore les personnages énigmatiques plus récemment décrits par Spalding dans son ouvrage célèbre *La vie des Maîtres*.

A la lumière de tout cela, nous croyons alors que le maître spirituel est un être ayant atteint la perfection, et qui accomplit volontiers de nombreux prodiges, comme par exemple, de marcher sur les eaux ou de matérialiser un succulent dîner. Si ces croyances ont l'avantage de permettre à certains d'échapper temporairement aux vicissitudes de la vie quotidienne (comme le font tous les romans fantastiques), elles peuvent aussi devenir très dangereuses si elles sont confondues avec la réalité. Combien de schizophrènes y ont trouvé une riche nourriture pour développer leur délire ? La démarche initiatique de l'hermétisme chrétien n'est pas une fuite du réel, mais tout au contraire, une intégration et une harmonisation de tous les aspects de l'existence. C'est pourquoi, il nous faut jeter un regard plus réaliste sur ces questions.

Ainsi, s'il existe différents niveaux de réalisation spirituelle dont certains transcendent largement les limites habituelles de la vie, un maître spirituel est avant tout un être d'amour, qui fait profession d'arriver à une plus grande perfection en assistant son prochain. Le maître ne se reconnaît donc pas aux manifestations paranormales qui auréolent sa vie. D'ailleurs, l'expression de pouvoirs psychiques ne relève pas forcément d'une évolution spirituelle. En effet, le magicien noir dispose également de grands pouvoirs dont il peut démontrer l'extraordinaire puissance. Il ne devient pas pour autant un maître spirituel bien qu'il puisse lire dans vos pensées, léviter ou matérialiser un ectoplasme.

Jamais, par contre, il ne pourra vous aimer. En outre, si le pouvoir psychique accompagne généralement la vie spirituelle, il n'en est qu'un élément secondaire et les maîtres cherchent généralement à minimiser cette dimension de leur vie.

Le maître spirituel est donc un homme qui, au cours de nombreuses incarnations, a cherché à se rendre toujours plus réceptif aux forces de l'amour et de la lumière, afin de pouvoir mieux les exprimer, les transmettre et les rayonner. En d'autres termes, c'est un être qui a atteint un certain niveau de réalisation et qui, dans sa pensée comme dans son action, cherche à rayonner et à exprimer l'amour. Ainsi, au-delà du caractère surnaturel de la vie des maîtres, il apparaît quelque chose d'encore plus grand et de plus merveilleux.

Au contact du maître, le disciple ressent en effet une telle affinité, une telle intimité et une telle compréhension que son être tout entier est alors profondément bouleversé. C'est sans doute l'un des aspects les plus fantastiques mais aussi les plus insaisissables du mystère de l'amour. Ainsi, par un simple regard, le disciple est désigné. Il est touché au plus profond de son coeur et c'est là l'unique preuve (subjective et personnelle) qu'il est vraiment en présence du maître que la Providence a placé sur son chemin. C'est une expérience indicible et j'aimerais tant pouvoir vous la décrire avec plus d'intensité encore.

Ajoutons également, qu'en raison du profond sentiment d'amour qui se dégage de ce contact, la rencontre avec un maître spirituel est toujours la cause d'un profond bouleversement intérieur. Tout est alors fondamentalement remis en question comme si cette rencontre transformait la nature profonde du disciple et ouvrait sa conscience à de nouvelles perspectives. Pénétrant à l'intérieur même du champ vibratoire du maître (son aura), il est peu à peu transformé par cette force qui l'environne. Après sa réception en qualité de disciple, aucune distance physique ne peut désormais l'éloigner du maître. Partout, il est en sa présence. Certains initiés se plaisent parfois à comparer le maître spirituel à une mère qui accepte de porter son enfant pendant neuf mois. Or, il en est véritablement ainsi. Le disciple est effectivement porté par l'énergie du maître de manière à croître, pour se préparer à une nouvelle naissance.

Enfin, le maître ne transmet pas un savoir exotérique mais il initie le disciple à accéder à la sagesse par une expérimentation vécue. En d'autres termes, le maître ne nous enseigne pas ce que sont les choses mais il nous apprend davantage à les ressentir. Il nous fait ainsi réaliser qu'il n'y a qu'une seule voie réelle de développement spirituel: expérimenter la vie et cultiver une force intérieure et un sentiment puissant à l'origine de toute initiation. Ainsi, un maître spirituel n'est pas un docteur mais un exemple vivant sur le sentier de la réalisation. Le message de tout maître spirituel est donc fort simple et se résume par ces mots: « Viens et suis-moi. », ce qui se traduit par « Viens et sois-moi. ». Le maître spirituel nous invite à le suivre en cherchant à imiter son exemple. En effet, le travail de perfectionnement est largement facilité par le processus d'identification.

Or, ceci est extrêmement important. Le maître est un modèle à imiter et le disciple évoluera d'autant plus rapidement qu'il cherchera à s'identifier à ce modèle. Le disciple apprendra ainsi à ressentir comme le maître, à penser comme le maître et finalement à lui ressembler dans son comportement. Je me souviens, à ce propos, d'avoir rendu visite à mon instructeur alors que j'étais accompagné d'un ami. La première réflexion que me fit cet ami à l'issue de la visite, fut de constater l'étrange parenté d'expression entre cet individu et moi. Ce processus d'identification est en effet stupéfiant et s'exprime parfois de manière exceptionnelle comme dans le cas des stigmatisés qui imitent le Christ jusque dans les douleurs de sa passion.

Le maître spirituel est donc un exemple à suivre même si sa personnalité peut parfois recéler quelques faiblesses. Cette affirmation peut vous étonner et peut-être même vous décevoir. Pourtant, le maître est avant tout un être incarné qui porte en lui le sceau de ce monde, et cela est extraordinaire. Homme parmi les hommes, il sait triompher de ses faiblesses, nous apprenant ainsi à faire de même, grâce à l'application du principe de l'amour.

Pour vraiment vivre ce principe de l'amour, le maître communique à son disciple diverses méthodes lui permettant de développer la force intérieure. Mais cela ne saurait être atteint que par la vertu de la patience. Notre siècle y est malheureusement peu sensible. L'aspirant espère léviter et se projeter en astral à l'issue d'un stage d'une fin de semaine... En réalité, il faut savoir attendre. Tous ceux qui ont acquis une maîtrise spirituelle vous diront qu'ils ont dû, eux aussi, traverser un temps de probation et de préparation relativement long. Et ce n'est qu'au terme de ce travail de préparation que tout devient possible, que tout devient alors accessible à la conscience ayant atteint un niveau vibratoire suffisamment élevé.

Ainsi donc, il apparaît que le maître spirituel correspond à une réalité bien différente de ce que véhicule l'imagerie populaire. Il n'est pas un faiseur de miracles aux pouvoirs extraordinaires et possédant la science infuse, mais il est avant tout un être humain porteur de lumière et d'amour. Compris dans ce sens, le maître spirituel n'est pas un prestidigitateur exceptionnel mais un être rempli d'amour et consacré au service des autres. Il se distingue donc essentiellement par le puissant rayonnement d'amour qui émane de lui. Aussi, ce n'est pas par la démonstration de ses pouvoirs psychiques que le maître se manifeste. Juger d'un maître, c'est d'abord considérer sa capacité à vous initier à la vie intérieure et à vous inciter, par son exemple vivant, à croître sur le sentier de l'amour.

Ayant mieux défini ce qu'il fallait entendre par la notion de maître spirituel, abordons maintenant celle d'avatar. Si l'avatar est aussi un maître spirituel, il s'en distingue cependant dans la mesure où il est avant tout un être parfait (c'est-à-dire libéré du cycle des renaissances) dont le mandat spirituel ne concerne pas seulement quelques disciples, mais un groupe important d'individus. En fait, nous pouvons affirmer qu'il porte dans son aura tout un peuple en évolution. Or, dans la mesure où quelqu'un cherche à s'unir à lui consciemment, il est alors immédiatement absorbé dans son énergie et porté par une vibration nouvelle. Notons à ce propos, qu'un avatar est toujours mandaté ou missionné par la hiérarchie pour donner à l'humanité une impulsion nouvelle. En ce sens, il apparaît comme l'exemple incarné de toute une expérience évolutive dont il se fait porteur. Son mandat est donc défini pour une période précise de l'histoire et chaque grande période d'évolution est marquée par la naissance d'un nouvel avatar.

Pour illustrer l'action et le message des grands avatars, nous nous limiterons à une portion bien définie de notre histoire, considérant également une lignée bien particulière d'avatars, celle qui a conduit l'humanité à la conscience occidentale moderne. Il importe donc de savoir qu'il y a environ douze mille ans, une nouvelle étape de notre évolution s'amorça. C'est elle que nous considérons ce soir. Elle débuta au moment où un vaste continent, connu sous le nom d'Atlantide, fut englouti sous les eaux. Cet événement dramatique est rapporté par de nombreuses traditions religieuses et sacrées dont celle de la Bible qui décrit cet épisode dans l'Ancien Testament sous la forme d'un gigantesque déluge universel.

Si l'on en croit ce récit, seuls quelques individus furent sauvés de ce cataclysme universel et appelés par Dieu à repeupler la terre: c'est le début d'une nouvelle époque d'évolution que l'hermétisme chrétien nomme l'époque aryenne. Cette époque aryenne, dans laquelle nous sommes encore aujourd'hui, se découpe elle-même en sept périodes caractérisées chacune par un développement bien spécifique au niveau de l'évolution spirituelle de l'humanité. Cette étude est très intéressante, car ces périodes sont étroitement liées au développement de notre conscience. Or, un avatar fut donné pour chacune d'elles, conduisant ainsi l'humanité vers l'accomplissement d'un objectif spirituel précis. C'est pourquoi nous pouvons affirmer que chacune de ces périodes correspond à une expérience spirituelle particulière.

Ainsi donc, l'époque aryenne s'amorce avec une première période que les ésotéristes, et spécialement Rudolf Steiner, nomment la période proto-hindoue. C'est la première étape consécutive au déluge dans le développement de la nouvelle conscience. Dans le livre de l'Apocalypse de saint Jean, dont j'ai eu l'occasion de parler en détail il y a deux jours, cette période est comparée à l'Eglise d'Ephèse. En effet, et c'est ce que nous avons vu avant-hier, les sept Eglises dont il est fait mention dans l'Apocalypse sont la représentation symbolique et alchimique des sept étapes que l'humanité doit traverser dans le présent cycle d'évolution. L'Eglise d'Ephèse représente donc la période proto-hindoue au cours de laquelle l'être humain dut apprendre à équilibrer en lui la dimension spirituelle et la dimension matérielle.

Ce fut un défi extraordinaire et cela demeure encore aujourd'hui un défi initiatique que les maîtres spirituels proposent à l'humanité. En effet, l'homme doit trouver en lui un équilibre entre le corps et l'esprit afin que l'un n'ait plus prédominance sur l'autre. Enseigner à conquérir cet équilibre fut la mission confiée au tout premier avatar de l'époque aryenne, Rama. A ce propos, nous pouvons lire dans le *Zend Avesta*: « Zoroastre demanda à *Ormuzd*, au grand Créateur: « Quel est le premier homme avec lequel tu t'es entretenu ? » *Ormuzd* répondit: « C'est le bel *Yima*, celui qui était à la tête des courageux, je lui ai dit de veiller sur les mondes qui m'appartiennent et je lui ai donné un glaive d'or, une épée de victoire et *Yima* s'avança sur la route du soleil et réunit les hommes courageux. ». Cet extrait fort intéressant du *Zend Avesta* précise bien que Rama, ici dénommé Yima, fut le premier avatar mandaté sur terre par la hiérarchie et qu'il rassembla les hommes pour les instruire du but à atteindre.

Ainsi donc, l'enseignement de Rama consistait à bien saisir dans un premier temps que le monde visible dans lequel l'homme évolue n'est qu'un aspect limité de la réalité. Celle-ci comporte en effet deux dimensions intrinsèquement différentes mais liées: le monde visible et le monde invisible (*visibilium omnium et invisibilium,* affirme le credo catholique). Or, Rama devait amener l'homme à bien cerner l'existence de ces deux réalités, puis à bien considérer l'étroite relation existant entre le visible et l'invisible, le matériel et le spirituel. Cet enseignement visait donc essentiellement à maîtriser les puissantes énergies de l'incarnation.

Cette tâche fut difficile car, à l'inverse de l'attitude actuelle qui privilégie la dimension matérielle au détriment des réalités spirituelles, les hommes formant la race proto-hindoue n'accordaient que très peu d'importance au plan matériel. Rama devait donc insister sur l'importance du corps et de la matière. C'est ce à quoi se réfère la lettre adressée à l'Eglise d'Ephèse dans l'Apocalypse: « J'ai contre toi que tu as perdu ton amour d'antan. ».[1] Cet amour d'antan n'est autre que l'intérêt porté au plan matériel. Et l'auteur ajoute: « il y a cependant pour toi que tu détestes la conduite des Nicolaïtes. ».[2] Les Nicolaïtes formaient une secte rejetant les choses de l'esprit pour ne s'intéresser qu'aux choses matérielles.

Pour éveiller en l'homme une impulsion nouvelle lui permettant de mieux considérer le plan matériel, Rama institua quatre grandes fêtes annuelles qui existent toujours dans le calendrier liturgique des confessions religieuses modernes. Ces fêtes permettaient de mieux comprendre le rapport étroit existant entre l'univers (le macrocosme) associé au divin, à l'invisible, et l'homme (le microcosme) associé à la matière, au monde visible. Rama enseigna la nécessité que le macrocosme et le microcosme soient en parfaite harmonie, l'un étant le reflet de l'autre.

1- Apocalypse II, 4.

2- Apocalypse II, 6.

Dans une conception sacrée des cycles, Rama consacra ainsi l'équinoxe du printemps à l'époux et à l'épouse, c'était la fête nuptiale. Le solstice d'été fut réservé, quant à lui, à la célébration des enfants, c'est-à-dire le fruit du couple qui a atteint une certaine maturité à l'image de la graine qui, semée au printemps, fructifie durant l'été. L'équinoxe d'automne fut consacré aux pères et aux mères. La méditation sur ces notions de maternité et de paternité était en effet particulièrement propice en cette période d'intériorisation. Enfin, le solstice d'hiver fut mis en relation avec les nouveaux-nés, lesquels symbolisaient aussi la conscience nouvelle qui naît du processus d'intériorisation débuté en automne. Le solstice d'hiver correspondait également à la fête des morts, c'est-à-dire à la naissance dans les mondes intérieurs.

L'enseignement dont Rama se fit porteur eut également un profond impact social. Cet avatar révolutionna les moeurs de l'époque en accordant une importance égale à l'homme et à la femme, comme il l'avait fait pour les mondes visible et invisible. Il enseigna, à ce titre, les premiers rudiments de la magie du couple, suggérant d'allumer une flamme au sein du foyer afin que les sentiments partagés par les époux puissent permettre, en quelque sorte, une union avec la divinité.

Voilà globalement, ce que Rama, en tant qu'avatar, est venu apporter à l'humanité, il y a de cela plusieurs milliers d'années. Aujourd'hui encore, et même si nous avons déjà vécu dans de lointaines incarnations antérieures cet enseignement sous la tutelle de Rama, il nous faut continuer à chercher cet équilibre entre le spirituel et le matériel. C'est pourquoi il s'agit toujours du premier message que communique le maître spirituel au disciple.

A cette période initiale succéda une seconde phase d'évolution: la période proto-persane symbolisée par l'Eglise de Smyrne dans l'Apocalypse de saint Jean. Lors de cette seconde période de l'époque aryenne, un nouvel avatar fut mandaté sur terre par la hiérarchie. Cet avatar, connu sous le nom de Zoroastre, eut pour mission de poursuivre l'oeuvre amorcée par Rama en conférant une nouvelle impulsion évolutive. Sa tâche fut donc d'enseigner à conjuguer les deux dimensions auxquelles nous faisions allusion: le macrocosme et le microcosme, l'homme et la femme.

Pour conjuguer les mondes visible et invisible, une force sembla dès lors tout indiquée: le feu. Zoroastre institua donc un véritable culte du feu et c'est ainsi qu'on allumait dans les temples zoroastriens une flamme autour de laquelle les disciples se rassemblaient pour méditer. Nous avons largement développé, dans l'un de nos livres,[3] les mystères du feu en indiquant de quelle manière cet élément permet de mettre en contact le ciel et la terre. Nous savons également qu'il est présent dans l'union de l'homme et de la femme et qu'il est lié au phénomène de la respiration. Zoroastre initia donc l'humanité aux techniques respiratoires permettant d'éveiller en soi le feu sacré.

Sur un plan plus métaphysique, Zoroastre fut également l'instigateur d'une religion essentiellement basée sur le principe d'une lutte permanente entre Ahura-Mazdâ, le principe de la lumière et du bien, et Ahriman, le principe des ténèbres et du mal. Tout l'enseignement de Zoroastre fut donc fondé sur la dualité, une dualité que l'homme était appelé à maîtriser et à dépasser. En d'autre termes, l'homme devait vaincre cette seconde mort que mentionne la lettre adressée à l'Eglise de Smyrne dans

---

3- *La magie des cierges et de l'encens,* Editions de l'Aigle, 1990.

l'Apocalypse: « Reste fidèle jusqu'à la mort, et je te donnerai la couronne de vie. Celui qui a des oreilles, qu'il entende ce que l'Esprit dit aux Eglises: le vainqueur n'a rien à craindre de la seconde mort. ».[4] Cette seconde mort n'est autre que cette dualité qui, source de division et de déchirement, ne fait plus percevoir à l'homme l'unité immuable régnant en toute chose.

A la période proto-persane succéda la période chaldéo-égyptienne symbolisée par l'Eglise de Pergame dans l'Apocalypse de saint Jean. Lors de cette troisième période de l'époque aryenne, un nouvel avatar vit le jour. Ce fut Hermès Trismégiste, le dieu Thot des Egyptiens. Hermès Trismégiste eut pour mission d'enseigner aux hommes la manière de maîtriser l'énergie sexuelle et les forces subtiles, poursuivant en cela le programme initiatique institué par ses prédécesseurs. Aussi, sous l'influence d'Hermès-Thot, le peuple égyptien développa une impressionnante science des énergies, constituant ce qu'on appelle aujourd'hui la magie. C'est à cette époque que la magie cérémonielle, telle qu'elle est pratiquée de nos jours par les magistes, prit naissance.

4- Apocalypse II, 10-11.

C'est aussi malheureusement à cette époque que la magie noire prit un véritable essor. Ainsi, dans l'Apocalypse, nous pouvons lire dans la lettre à l'Eglise de Pergame: « J'ai contre toi quelque grief: tu en as là qui tiennent la doctrine de Balaam; il incitait Balaq à tendre un piège aux fils d'Israël pour qu'ils mangent des viandes immolées aux idoles et se prostituent. ».[5] Balaam était en effet une école de magie noire fort réputée au moment de la rédaction de l'Apocalypse.

Ainsi, l'oeuvre d'Hermès fut d'enseigner aux hommes à travailler avec les énergies appartenant à des plans vibratoires différents du plan physique. Cet avatar leur enseigna également comment canaliser ces énergies dans un support physique et la manière de transférer un fluide d'un support à un autre. Nous abordons souvent ces techniques à l'intérieur de nos conférences car nous pensons qu'il est extrêmement important, surtout à une époque technologique comme la nôtre, qu'on puisse redécouvrir le travail avec ces énergies subtiles. Ainsi, Hermès fut le maître et demeure toujours en ce sens, le maître des magiciens, c'est-à-dire de ceux qui maîtrisent

5- Apocalypse II, 14.

harmonieusement les énergies subtiles, et les canalisent pour un objectif précis.

C'est la période gréco-latine symbolisée par l'Eglise de Thyatire dans l'Apocalypse de saint Jean qui succéda à la précédente. Au cours de cette quatrième période de l'époque aryenne, l'avatar mandaté par la hiérarchie est mieux connu de notre tradition judéo-chrétienne puisqu'il s'agit de Moïse. Ce patriarche joua un rôle capital dans l'histoire de l'humanité. Il était, nous le savons, un initié égyptien, un disciple d'Hermès (de la même manière que Zoroastre était un disciple de Rama, et qu'Hermès Trismégiste était un disciple de Zoroastre), appartenant ainsi véritablement à la lignée d'avatars à laquelle nous faisions allusion précédemment. Moïse était un magicien initié et possédait donc une maîtrise parfaite des forces subtiles. Un épisode biblique est fort révélateur en ce sens. On rapporte en effet que Moïse dut un jour affronter les magiciens de Pharaon, et grâce aux pouvoirs magiques de son bâton, il réussit à les vaincre démontrant ainsi la supériorité de son initiation.

Moïse amorça donc une nouvelle étape dans le cheminement de l'humanité, entraînant le peuple hébreu hors d'Egypte (l'ancien monde), à travers un passage au désert qui dura quarante ans (processus initiatique) jusqu'à la Terre Promise (le nouvel ordre du monde). Il eut pour mission d'enseigner aux hommes un nouveau principe, celui du respect des lois cosmiques et des règles régissant l'ensemble des mondes. Il présenta ainsi au peuple hébreu les tables de la loi qui lui furent remises au mont Sinaï par l'Eternel lui-même. Avec Moïse, ce fut l'empire des docteurs de la loi qui enseignèrent aux hommes les fondements moraux et légaux leur permettant de mieux s'orienter sur la voie de l'initiation. Par ces lois, l'homme put en effet acquérir et développer la précieuse faculté du discernement qu'il était auparavant incapable de pratiquer correctement. Et pour que la loi soit bien conscientisée, la tradition judéo-chrétienne insista sur son caractère rigoureux et équitable: ce fut la loi du talion, le principe du karma auquel la lettre à l'Eglise de Thyatire fait allusion en ces termes: « c'est moi qui sonde les reins et les coeurs; et je vous paierai chacun selon vos oeuvres. ».[6]

A la période gréco-latine succéda enfin une cinquième période symbolisée par l'Eglise de

6- Apocalypse II, 23.

Sardes dans l'Apocalypse de saint Jean. Et nous sommes aujourd'hui au terme même de cette cinquième étape de l'époque aryenne. Or, la cinquième période d'une époque est toujours la plus déterminante. Il en fut ainsi à l'époque atlantéenne alors que la cinquième période fut le moment où les sémites primitifs reçurent les rudiments du mental. La période actuelle d'évolution est donc capitale. C'est pourquoi la hiérarchie mandata un être exceptionnel pour remplir la fonction d'avatar. L'identité de ce cinquième avatar pourra vous étonner mais c'est là une révélation de toute première importance: il s'agit de Marie de Bethléem.

Ainsi, il y a près de deux mille ans, un nouvel avatar est venu en ce monde sous le nom de Marie de Bethléem. Et si ce maître de lumière et d'amour a déjà beaucoup fait pour notre humanité, il fera encore davantage ressentir son influence et son action bienveillante au cours des prochaines décennies. En effet, l'humanité se prépare à traverser des événements particulièrement tragiques, sans doute encore plus graves que l'on veuille bien l'imaginer. C'est pourquoi Marie de Bethléem a déjà commencé à multiplier ses apparitions et elle le fera d'une manière encore plus importante dans les années qui viennent.

Considérant l'ampleur de sa tâche et le fait qu'il s'agit de l'avatar actuel, je tiens à vous présenter de manière plus exhaustive son itinéraire et son message. Notons d'abord que Marie de Bethléem est une femme, la première femme parmi tous les avatars que l'occident ait connus au cours de l'époque aryenne. En fait, il était nécessaire que cet avatar fut une femme dans la mesure où la nouvelle impulsion, qu'il a charge de communiquer aux hommes, est directement associée aux forces féminines. Marie de Bethléem fut en effet missionnée sur terre pour sensibiliser l'humanité à l'énergie de l'amour. Pour ce faire, son enseignement se fonda essentiellement sur un travail de purification et d'épuration de la personnalité.

Cette notion de pureté est évoquée de manière fort éloquente dans la lettre à l'Eglise de Sardes: « A Sardes, néanmoins, quelques-uns des tiens n'ont pas souillé leurs vêtements; ils m'accompagneront, en blanc, car ils en sont dignes. Le vainqueur sera donc vêtu de blanc; et son nom, je ne l'effacerai pas du livre de vie. ».[7] Cette nouvelle énergie qu'éveilla Marie dans le coeur des hommes fut parfaitement symbolisée par l'archétype de la madone et de l'enfant, un archétype universel et éternel que nous avons déjà largement présenté dans une conférence précédente.[8]

Malgré le fait que Marie ait occupé une place d'importance dans la spiritualité chrétienne, peu de personnes connaissent les principaux détails concernant son incarnation et sa mission sublime. Or, il s'avère particulièrement fondamental de les connaître si nous voulons nous identifier plus précisément à cet avatar et ainsi mieux saisir la quintessence même de son enseignement. Il faut bien comprendre ici qu'on ne peut entreprendre une véritable démarche initiatique sans partager une certaine intimité avec l'avatar en charge de notre période d'évolution. Et pour la partager, il faut avant tout le connaître et pouvoir nous identifier au comportement qu'il adopta au moment où il vivait parmi son peuple.

Selon la tradition de l'hermétisme chrétien, Marie naquit d'un couple de grands initiés:

7- Apocalypse III, 4-5.

8- Les apparitions mariales, pp. 53-111.

Anne et Joachim. Noble et riche, Joachim était un prêtre de haut rang; Anne, quant à elle, était une femme consacrée à l'oeuvre de Dieu. Ces deux personnes avaient été soigneusement préparées sous la supervision des guides de lumière pour participer à l'élaboration d'un milieu favorable à l'incarnation de Marie. Il est intéressant d'ailleurs de souligner à ce titre que le nom « Anne » signifie en hébreu « la grâce » et celui de « Joachim » signifie « préparation du Seigneur ».

Anne et Joachim demeuraient dans une riche propriété aux abords de Nazareth. Ce couple aurait pu y vivre heureux mais la stérilité dont ils étaient affligés les troublait profondément. Anne se désolait de ne point enfanter. Pour sa part, Joachim était aussi fortement éprouvé, car on considérait à l'époque la stérilité comme un signe assuré de la malédiction de Dieu. En effet, toute pérennité de la lignée du peuple élu était ainsi remise en cause.

Le coeur meurtri, Joachim se résolut un jour à consulter les livres des douze tribus d'Israël en se disant: « Je verrai bien dans leurs archives si je suis le seul à n'avoir pas engendré en Israël. ». Dans ses recherches, il découvrit que tous les Justes avaient engendré une postérité. Accablé de tristesse, Joachim ne reparut pas devant sa femme, et il se rendit au désert; il y planta sa tente et jeûna quarante jours et quarante nuits, se disant à lui-même: « Je ne descendrai ni manger, ni boire avant que le Seigneur mon Dieu ne m'ait visité. La prière sera ma nourriture et ma boisson. ».

Anne, quant à elle, se retira dans les riches jardins de sa demeure pour supplier une nouvelle fois le Seigneur: « Dieu de mes Pères, bénis-moi, exauce ma supplication, comme tu as béni Sarah dans ses entrailles et lui as donné son fils Isaac. ». Puis elle se lamenta en disant: « Malheur à moi ! quelles sont les entrailles qui m'ont engendrée ? Je suis devenue une malédiction devant les tribus d'Israël, on me fait des reproches et on se moque de moi devant le temple du Seigneur. Malheur à moi ! à quoi puis-je être comparée ? Je ne puis être comparée aux oiseaux dans le ciel puisque même les oiseaux du ciel sont fertiles devant toi ô Seigneur. Malheur à moi ! à quoi puis-je être comparée ? Je ne puis être comparée à ces eaux, puisque même ces eaux sont fertiles devant toi, ô Seigneur. Malheur à moi ! à quoi puis-je être comparée ? Je ne puis être comparée à la terre, puisque même cette terre produit des fruits en saison et te bénit, ô Seigneur. ».

C'est alors que l'archange Gabriel lui apparut et lui dit: « Anne, Anne, le Seigneur a entendu ta plainte. Tu concevras, tu engendreras, et l'on parlera de ta progéniture par toute la terre. ». Puis deux anges lui déclarèrent: « Voici que Joachim, ton époux, s'en vient vers toi avec ses troupeaux, car un Ange du Seigneur est descendu à lui et lui a dit: " Joachim, Joachim, le Seigneur a entendu ta plainte. Descends d'ici, car voici que ta femme Anne va concevoir dans ses entrailles." ». Alors, une nuée de lumière céleste enveloppa Anne. Ce fut un moment d'une extrême importance puisque la mère de Marie fut alors profondément réharmonisée par l'action des anges, préparant l'ensemble de ses véhicules subtils à la sublime descente de l'esprit de Marie en sa chair.

Et lorsque Anne vit revenir du désert son époux Joachim, elle courut à lui pour lui déclarer: « Maintenant je sais que le Seigneur Dieu m'a comblée de bénédictions, car j'étais comme veuve et je ne le suis plus; j'étais stérile et mes entrailles vont concevoir. ». Et ce fut le premier soir que Joachim reposa dans sa maison.

Pendant tout le temps de la grossesse, le couple vécut une ascèse spéciale, méditant pendant de longues heures sur des thèmes spirituels et s'alimentant uniquement de fruits, de pain et d'un peu d'eau. La nuit de la naissance, alors que Anne était en prière devant son autel, une lumière extraordinaire l'enveloppa et envahit toute la pièce. Cette enfant tant attendue naquit et les anges proclamèrent qu'elle s'appellerait Marie. Comme la loi de Moïse le prescrivait, Anne se rendit après son accouchement, au temple de Jérusalem pour célébrer la fête de la purification. Elle y promit alors de revenir trois ans plus tard pour consacrer Marie.

Durant les trois années qui ont précédé la consécration officielle de Marie au temple de Jérusalem, celle-ci sortit très peu de sa chambre sanctuaire que Joachim, son père, lui avait construite. Dans cette chambre, ornée de tissus rares et de bois précieux, Marie était en prière et en communication continuelle avec les anges (surtout avec l'archange Gabriel) et elle recevait déjà un enseignement la préparant au noviciat qu'elle devrait vivre au temple de Jérusalem. Très peu consciente du monde matériel, elle était toute pénétrée des réalités supérieures et une luminosité exceptionnelle auréolait tout son corps. Elle mangeait peu et semblait être nourrie par les êtres de lumière avec lesquels elle communiquait sans cesse.

Lorsque Marie eut trois ans, ses parents choisirent sept jeunes filles néophytes pour l'accompagner au temple de Jérusalem. Lorsque le grand-prêtre vit cette enfant au pied des quinze marches qui menaient à la porte de *Nikanor*, il prophétisa en déclarant: « Le Dieu d'Israël bénira ton nom, Marie, car en toi il a révélé la rédemption du peuple. ». Anne et Joachim consacrèrent alors officiellement Marie au Seigneur, puis la laissèrent gravir seule les quinze marches du temple.

A l'entrée du temple, l'enfant fut accueillie par dix servantes et par Anne, la prophétesse. Anne était la maîtresse des novices, c'est-à-dire celle qui était responsable de la formation des jeunes servantes au temple et qui introduisait les futures initiées à la vie sacerdotale. Anne attribua à Marie une petite cellule juste au-dessus du temple intérieur qui contenait le saint des saints. La première étape que toute école initiatique impose aux aspirants aux mystères consiste en effet à apprendre à vivre seul avec soi-même afin de pouvoir par la suite être capable de se tenir seul devant les autres et ultimement devant

Dieu. C'est d'ailleurs le sens étymologique du mot « monastère » qui est composé du terme « *mono* » signifiant seul et du terme « *stare* » signifiant se tenir.

Dans sa cellule, Marie connut une période spirituelle extrêmement riche au cours de laquelle elle commença à ressentir la présence du Christ qui adombrait déjà ses véhicules subtils et programmait son être à la mission céleste qui lui serait plus tard révélée. Une importante transformation de son corps éthérique, alors en formation, permit plus tard que s'accomplisse le mystère de son Assomption sur lequel nous reviendrons.

Constamment en prière, croissant en grâce devant Dieu, Marie fut bientôt d'un tel rayonnement que les prêtres ne surent pas lequel parmi eux se trouvait assez digne pour assurer son instruction. Il tirèrent donc au sort, comme c'était alors la coutume, et Zadok, un homme sage et âgé, fut désigné. Le grand prêtre se leva, bénit Zadok et lui dit: « Voilà que le Seigneur t'a donné une fille, c'est-à-dire Marie; garde-la avec diligence et enseigne-lui à pénétrer dans le temple du Seigneur et à en sortir. ». L'expression hermétique « pénétrer dans le temple du Seigneur et à en sortir » signifie entrer et sortir consciemment de son corps physique. Si Marie était fort peu en contact avec le monde d'en bas au cours des premières années de sa vie, l'âge de la puberté apportait maintenant de nouvelles expériences. Marie devait dorénavant apprendre à pouvoir bien fixer sa conscience dans le monde d'en haut comme dans le monde d'en bas. Zadok instruisit donc Marie de toutes les techniques permettant ce transfert de la conscience dans les mondes supérieurs, ainsi que les méthodes initiatiques de transmutation des énergies sexuelles.

Saint Jérôme qui vécut et étudia plus de trente ans à Bethléem afin de préparer sa version latine de la Bible (la Vulgate), eut accès à des manuscrits anciens et nous donne des précisions intéressantes sur la vie quotidienne de Marie au temple: « du matin à la troisième heure (6 à 9 heures) elle s'adonnait à la prière, de la troisième à la neuvième (9 à 15 heures) au travail extérieur, de la neuvième à la douzième (15 à 18 heures) elle priait à nouveau. Toujours elle était première aux saintes vigiles, la plus érudite dans la sagesse de la Loi de Dieu, la plus charmante en humilité, la plus habile dans les psaumes de David, la plus merveilleuse dans les oeuvres de charité, la plus pure d'entre les pures et la plus grande à la pratique de toutes les vertus. Elle était constante et persévérante et chaque jour la voyait se surpasser. Personne jamais ne vit ou n'entendit sa colère. Chaque mot qu'elle disait était à ce point plein de grâce qu'il était clair que Dieu parlait en elle... ».

Précisons toutefois ici que l'application de la discipline du temple était une dure épreuve pour la jeune Marie. Certes, elle vivait des périodes d'exaltation extrême où elle était en communication directe avec les anges et le Christ. Toutefois, lorsqu'elle revenait à elle-même et qu'elle circulait dans le temple, elle se retrouvait confrontée aux dures réalités quotidiennes et particulièrement à la terrible jalousie des autres novices. Ce fut sans doute la cause de la plus grande souffrance de la jeune Marie.

Lorsque la formation probatoire fut terminée, le grand prêtre chercha à nouveau à être guidé. Pour ce faire, il entra dans le saint des saints pour demander conseil auprès du Seigneur. La réponse fut que tous les hommes de la maison de David, veufs et consacrés au service du temple, soient rassemblés et que Marie soit fiancée à celui qui serait désigné par un signe. Le grand prêtre obéit. Lorsque tous les hommes furent réunis dans la cour du temple, une colombe surgit et vint tourner autour d'un certain Joseph. Tous comprirent alors que Joseph avait été désigné par l'Esprit pour devenir l'époux de Marie.

Le grand prêtre s'adressa alors à Joseph: « Le sort t'a désigné pour prendre avec toi la vierge du Seigneur et tu devras la garder. ». Mais Joseph répliqua: « J'ai des fils, je suis un vieil homme et c'est une enfant, je crains de devenir la risée des enfants d'Israël. ». Mais le grand prêtre poursuivit: « Crains le Seigneur ton Dieu et rappelle-toi les choses qu'il a faites pour Dathan, Abiram et Korah. Rappelle-toi comment la terre s'est ouverte pour les engloutir à cause de leurs dénégations. Prends garde Joseph, de peur qu'il en soit ainsi pour toi et les tiens. ». Et Joseph, troublé, l'amena avec lui pour la garder.

Joseph était le fils de parents prospères qui possédaient un grand domaine près de Bethléem. Il différait de ses frères par sa simplicité et une grande humilité, et ceux-ci déploraient son manque d'ambition. Quand il atteignit l'âge de vingt ans, il s'installa un moment dans une maison vétuste de Tibériade, près du lac de Galilée, et s'employa comme aide-charpentier.

Marie se fiança donc à Joseph et enfanta Jésus selon ce que nous rapportent les textes évangéliques. Tout au long de sa vie, elle s'unit à son fils, le suivant jusqu'à la croix où, avant de mourir, il déclara à l'apôtre bien-aimé: « Jean, voici ta mère. ». Par ses dernières paroles, le Christ consacra Marie comme chef de l'Eglise. Au cours des années qui suivirent, elle assura ce mandat en communiquant aux apôtres les directives nécessaires pour concrétiser l'oeuvre de son fils et en assurer la pérennité. Pour cela, les apôtres avaient l'habitude de retrouver Marie tous les jours à minuit dans leur corps spirituel afin de recevoir ses instructions. Ils se réunissaient ainsi dans « la chambre haute », un terme consacré de la tradition de l'hermétisme chrétien.

Or, un jour que Marie était en prière près du tombeau du Christ, l'archange Gabriel lui apparut et dit: « Tu quitteras bientôt ce monde éphémère pour la vie éternelle. ». A cette annonce, Marie retourna vers Bethléem en amenant avec elle trois vierges qui la servaient. Arrivée à Bethléem, elle pria à nouveau le Seigneur, disant: « Seigneur Jésus-Christ qui m'avez accordé le grand bonheur de vous donner naissance, entendez ma voix et envoyez-moi l'apôtre Jean afin qu'en le voyant, j'aie les fruits de la joie. Envoyez-moi aussi les autres apôtres, ceux qui sont déjà avec vous et ceux qui sont encore en ce monde, peu importe le pays dans lequel ils se trouvent, afin que je puisse les voir et bénir votre nom, car j'ai confiance que vous entendrez votre servante en toutes choses. ».

Et comme elle priait, Jean vint auprès d'elle. L'Esprit Saint l'avait saisi dans une nuée de lumière céleste et l'avait ramené d'Ephèse où il se trouvait. Jean salua alors Marie en ces termes: « Salut à vous, mère de mon Seigneur qui porta le Christ notre Dieu. Je me réjouis de votre départ de cette vie dans la gloire. Notre Seigneur et notre Dieu arrive et il vous amènera avec lui tel qu'il l'a promis. ». Mais Marie répondit: « Les Juifs ont juré que lorsque mon heure sera venue, ils prendraient mon corps pour le brûler. ». Jean répliqua: « Votre corps saint et précieux ne connaîtra pas la corruption. ».

Une voix du ciel se fit entendre alors et l'Esprit Saint vint dire à Jean: « Jean, Jean, entends-tu cette voix qui chuchote dans le ciel ? Cette voix que tu entends signifie la venue de tes frères les apôtres et par le saint pouvoir, les voilà: aujourd'hui ils seront là. ». Au même instant, l'Esprit Saint déclara aux apôtres: « Vous tous, montez sur les nuées et rassemblez-vous à Bethléem car la mère de notre Seigneur Jésus-Christ en est à ses derniers instants: Pierre de Rome, Paul de Tibère, Thomas des Indes, Jacques de Jérusalem. ».

André, le frère de Pierre, Philippe, Luc, Simon le Cananéen et Thaddée, tous déjà endormis dans la paix du Seigneur, furent sortis de leur sépulture par l'Esprit Saint qui leur dit: « Ne croyez pas que le temps de la résurrection est venu mais il vous est accordé de vous lever afin d'aller saluer et rendre hommage à la mère de votre Seigneur et sauveur Jésus-Christ. Le jour de son départ ici-bas et de son arrivée dans les cieux a en effet sonné. ».

Marie se réjouit à la vue des apôtres venus la saluer. Elle s'assit dans son lit et leur dit: « Notre maître et notre Dieu est venu du ciel et je dois maintenant le rejoindre. Avant de partir, je voudrais cependant que vous me disiez comment vous avez appris mon départ et de quel pays lointain vous arrivez, car vous êtes venus si vite me rendre visite. ». Et Pierre répondit: « Racontons à la mère de notre Seigneur chacun de quelle manière l'Esprit Saint nous l'a appris et comment il nous a transportés ici. ».

Jean déclara alors: « J'étais prêt à monter à l'autel à Ephèse pour le ministère quand l'Esprit Saint me dit: " Le temps du départ de la mère de ton Seigneur est proche, va à Bethléem pour la saluer." Et une nuée de lumière me prit et me conduisit à la porte de la maison où vous reposiez. ». Pierre, à son tour, répondit: « J'étais à Rome. Au crépuscule, j'entendis une voix qui me dit: " La mère du sauveur doit partir car le temps est venu, va à Bethléem la saluer." Une nuée de lumière me prit alors et je rejoignis le reste des apôtres arrivant aussi sur des nuées. ».

Paul déclara: « J'étais dans une ville pas très éloignée de Rome dont le nom est Tibère. J'ai entendu une voix qui me dit: " La mère de ton Seigneur doit quitter ce monde pour le pays céleste. Va aussi à Bethléem la saluer." Une nuée de lumière me prit et m'emmena rejoindre les autres. ». Thomas raconta: « Je traversais les Indes et ma prédication par la grâce de Jésus-Christ remportait un certain succès. La soeur du roi allait se faire baptiser quand soudain la voix de l'Esprit me dit: " Toi aussi Thomas, va à Bethléem saluer la mère de ton Seigneur car elle doit s'élever aux cieux." Et une nuée lumineuse me saisit et me transporta avec vous. ».

Marc répondit: « J'allais terminer le service de la troisième heure en Alexandrie, quand pendant ma prière l'Esprit me saisit et m'emmena ici avec vous. ». Jacques répondit aussi: « Pendant que j'étais à Jérusalem, l'Esprit Saint me dit:

" Sois présent à Bethléem car la mère du Seigneur prépare son départ." Un nuage de lumière me saisit alors et m'amena parmi vous. ». Matthieu déclara quant à lui: « Je remercie le Seigneur car j'étais sur un bateau qui tanguait sur une mer mauvaise. Soudain une nuée de lumière nous recouvrit et calma la tempête, puis elle me saisit et m'amena avec vous. ». Barthélémy dit enfin: « Je prêchais la parole dans la contrée de Thèbes et là l'Esprit me dit: " La mère de ton Seigneur prépare son départ, va la saluer à Bethléem." Puis une nuée de lumière me prit et me transporta parmi vous. ».

Marie éleva alors les mains au ciel et pria: « Je vous rends hommage, je prie et glorifie votre nom qui est merveilleusement exalté, ô Seigneur; parce que vous avez jeté les yeux sur la petitesse de votre servante et que vous m'avez glorifiée, toutes les nations me diront bienheureuse. ».

Puis elle invita les apôtres à prier avec elle. Quand ils eurent fini de prier, le tonnerre gronda dans le ciel et ils entendirent un bruit terrible semblable à celui d'un chariot. Une multitude d'anges et de puissances apparurent alors et la voix du Fils de l'Homme se fit entendre et dit à Marie: « Ton âme sainte reposera dans le royaume des cieux, une demeure pleine de grâce où sont joie et contentement. ». En bénissant les apôtres, Marie s'éleva alors vers les mondes célestes et disparut progressivement à la vue des disciples. Les dernières paroles de la Vierge furent les mêmes que celles de son Fils expirant sur la croix: « Père, entre vos mains je remets mon esprit. ». Marie achevait ainsi sa mission sur la terre.

La rumeur se répandit alors que le soleil et la lune étaient apparus sur la maison où la mère du Seigneur reposait. Et tous ceux qui étaient affligés d'un mal quelconque vinrent toucher les murs de la demeure en disant: « Sainte Marie, Mère de Dieu, ayez pitié de moi », et tous furent guéris. Les aveugles recouvrèrent la vue, les sourds entendirent à nouveau, les boiteux marchèrent, les lépreux furent purifiés et les possédés délivrés. Et tous retournaient chez eux dans la joie, chantant des psaumes et des cantiques.

Le Seigneur parla alors à Pierre et lui dit: « Lève-toi Pierre, prends le corps de Marie et porte-le à la droite de la cité vers l'est. Tu trouveras un sépulcre neuf dans lequel tu la placeras puis tu attendras que je vienne à toi. ». Les trois vierges qui avaient accompagné Marie jusqu'à Bethléem prirent alors le corps de la vierge pour le préparer selon les coutumes funéraires. Et quand elles l'eurent débarrassé de ses vêtements, son corps rayonnait d'une lumière si éclatante qu'il ne put être regardé. Le corps de la bienheureuse Marie était semblable à un champ de lis d'où émanait une fragrance d'une douceur indicible.

Les apôtres étendirent alors le corps de Marie sur une bière, puis se consultèrent entre eux: « Qui portera la palme devant le cercueil ? ». Et Jean dit à Pierre: « Toi qui est le plus grand parmi nous, tu mérites de porter la palme devant son cercueil. ». Mais Pierre lui répondit: « Toi, le seul parmi nous qui est vierge et qui obtint du Seigneur une telle faveur qu'Il te permit de poser ta tête sur sa poitrine et qu'Il te confia sa mère lorsqu'il fut suspendu pour notre salut à l'arbre de la croix, tu mérites de porter la palme. Prenons maintenant le corps pour le porter au sépulcre. ». Alors Pierre souleva la tête de Marie et commença à chanter, disant: « Israël est sorti d'Egypte. Alleluia. ».

Le corps de Marie fut ainsi transporté par les apôtres jusqu'à Jérusalem où ils assistèrent à l'Assomption. Tout au cours de ce voyage, Jean, le bien-aimé, marchait devant le cercueil, portant la palme scintillant d'une lumière surnaturelle, et tous ceux qui la touchaient, rapporte la tradition, étaient guéris de leurs maux divers. Cette palme éthérique avait été remise à Marie par l'archange Michel, peu de temps après l'annonce de sa transition vers les mondes célestes.

Puis soudain, un nouveau miracle s'accomplit. Une nuée de lumière apparut au-dessus de la bière tel un grand cercle dont la splendeur peut se comparer à celle de la lune. Dans la nuée, une armée d'anges chantaient et leur mélodie d'une indescriptible douceur retentissait à travers toute la terre. Puis le peuple vint hors de la cité, environ quinze mille personnes, et émerveillées, toutes s'écriaient: « Quel est ce son d'une telle douceur ? ». Quelqu'un leur répondit: « Marie a quitté son corps et les disciples de Jésus chantent des louanges pour elle. ». Puis ils regardèrent et virent sa tombe couronnée d'une grande gloire et les apôtres qui chantaient à voix basse.

Parmi eux, était le prince des prêtres des Juifs rempli de fureur et de courroux. Celui-ci dit aux autres: « Voyez le tabernacle de celui qui nous a troublés, nous et notre nation, quelle gloire a-t-il reçue ? ». Puis, il s'approcha dans le but de retourner la bière et de projeter le corps sur le sol. Mais au moment où il toucha la bière, ses mains se desséchèrent entièrement jusqu'aux coudes et se rattachèrent au cercueil. Lorsque les apôtres levèrent la bière, une partie de lui-même resta suspendue et l'autre demeura fixée à la tombe. Le prince des prêtres était tordu dans des tourments extrêmes. Mais les anges qui étaient dans les nuées célestes frappèrent le peuple d'aveuglement.

Alors ce prince cria: « Je t'en conjure Pierre, ne m'abandonne pas dans une si grande nécessité car je souffre de grands tourments. Rappelle-toi lorsque cette demoiselle qui gardait la porte te reconnut dans la salle du jugement et dit aux autres qu'ils devraient t'intercepter, je suis intervenu pour parler en ta faveur. ». Pierre répondit: « Ce n'est pas à moi de te donner quoi que ce soit, mais si tu crois, de tout ton coeur en notre Seigneur Jésus-Christ, que cette femme a porté le Christ en son sein et est restée vierge après la naissance, la miséricorde du Seigneur qui, par une grande pitié sauve les infortunés, pourra t'apporter la guérison. ».

Sur ce, il répondit: « Que devrons-nous faire ? L'ennemi de l'humanité a aveuglé nos coeurs et un masque de honte à couvert nos visages pour que nous ne confessions pas les puissantes merveilles de Dieu. ». Alors Pierre dit: « Voyez, cette malédiction blessera ceux qui continueront à ne pas croire en lui, mais à ceux qui se tournent vers le Seigneur, la miséricorde n'est pas refusée. ». Alors il dit: « Je crois à tout ce que tu me dis. Je t'implore seulement, aie pitié de moi de peur que je ne meure. ».

Pierre arrêta alors le cortège et lui dit: « Si tu crois de tout coeur en Jésus-Christ, tes mains seront délivrées de la bière. ». Et quand il eut dit cela, ses mains furent libérées et il commença à se tenir sur ses jambes. Ses bras demeuraient cependant toujours desséchés et la douleur ne l'avait pas quitté. Alors Pierre lui dit: « Va près du corps et baise le lit en disant: " Je crois en Dieu et dans le Fils de Dieu que cette femme a porté, Jésus-Christ, et je crois toutes les choses que Pierre, l'apôtre de Dieu, m'a dites." ». Et il s'approcha et baisa le lit. Instantanément, toute douleur le quitta et ses mains redevinrent entières. Alors il commença à bénir Dieu grandement et à parler des livres de Moïse témoignant des louanges du Christ de sorte que les apôtres eux-mêmes s'émerveillaient et pleuraient de joie, louant le nom du Seigneur.

Arrivés à Jérusalem, ils se dirigèrent vers le flanc du mont des Oliviers où il y avait un nouveau tombeau où personne n'avait été enseveli. C'est là qu'ils déposèrent le corps de Marie. Pendant trois jours et trois nuits, des multitudes d'anges volèrent au-dessus du tombeau en chantant continuellement. A la fin des trois jours, les disciples entrèrent dans le tombeau, mais le corps de la bienheureuse Vierge n'y était plus. A sa place, il n'y avait plus qu'un amoncellement de roses et de lis parfumés et lumineux. Marie, trois jours après sa mort, avait complètement transité sur les plans invisibles. C'est ce que l'Eglise catholique nomme l'Assomption. Ainsi, Marie alchimisa son corps de chair, c'est-à-dire vécut une transélémentation de son corps physique, en élevant si haut le taux vibratoire de ce dernier qu'il devint imperceptible à la vision humaine. C'est ainsi qu'elle transita littéralement dans l'invisible. Marie, à l'image de son Fils, était ainsi ressuscitée d'entre les morts.

Je terminerai ce succint résumé de la vie de Marie en soulignant un fait, apparemment étrange, mais parfaitement compréhensible à la lumière des enseignements de l'hermétisme chrétien. Ce fait est admirablement bien illustré par une oeuvre célèbre de Michel-Ange exposée au Vatican. Si vous avez un jour l'occasion d'admirer cette oeuvre exceptionnelle, la Pieta, vous constaterez une chose extraordinaire: Marie revêt les traits d'une jeune fille de vingt ans, bien qu'elle porte dans ses bras son fils âgé de trente-trois ans. Or, il ne s'agit pas là d'un caprice d'artiste ou d'une conséquence de la naïveté de Michel-Ange. En réalité, il s'agit d'une réplique exacte de la scène ainsi représentée. Le temps ne semble pas avoir exercé d'emprise sur l'apparence physique de Marie et cela confirme bien que la Vierge n'était pas un simple maître spirituel mais véritablement un avatar. Elle avait réussi à atteindre la perfection et la pleine maîtrise de sa force spirituelle pouvant ainsi perpétuellement régénérer son corps. A sa suite, nous sommes également appelés à accomplir un tel prodige. Nous expliciterons davantage ce travail dans un prochain cycle de conférences consacrées à Marie.

Notons enfin que Marie serait toujours en incarnation si la hiérarchie n'avait pas décidé que son oeuvre dans notre monde terrestre eût dû prendre fin pour qu'elle puisse dorénavant la poursuivre sur les plans célestes. C'est ainsi que la hiérarchie décida du jour de la transition de Marie et de son élévation sur les plans supérieurs. Une transition seulement, répétons-le, car Marie n'est pas morte. Marie ne pouvait mourir car elle avait atteint la chrysopée, c'est-à-dire la perfection totale de tous les aspects de son être.

Pour conclure maintenant notre rencontre de ce soir, nous pouvons résumer brièvement le message des grands avatars correspondant au cheminement accompli par l'humanité depuis l'âge lointain du déluge. C'est également un ensemble d'étapes que chacun est appelé à récapituler s'il veut prétendre à l'initiation. Ainsi, la première étape consiste, conformément à l'enseignement de Rama, à équilibrer en soi la dimension corporelle et la dimension spirituelle, sans donner avantage à l'une au détriment de l'autre. La seconde étape consiste, comme nous l'a enseigné Zoroastre, à reconnaître en soi la présence d'un feu, c'est-à-dire d'une étincelle divine que chaque être humain porte en lui.

La troisième étape consiste, comme nous l'a enseigné Hermès Trismégiste, à développer, puis à maîtriser les forces subtiles qui se trouvent dans l'univers (macrocosme), comme à l'intérieur de nous-mêmes (microcosme). A l'échelle de l'être humain, ces forces subtiles sont celles qui structurent la personnalité. Elles ne sont ni bonnes ni mauvaises en elles-mêmes; c'est pourquoi elles peuvent tout aussi bien participer à la libération de l'esprit ou enchaîner ce dernier au monde d'en bas. Le but est donc d'acquérir une pleine maîtrise de ces forces. La quatrième étape consiste, selon l'enseignement de Moïse, à observer la loi. L'être humain ne peut prétendre à sa réalisation spirituelle sans se montrer obéissant jusqu'à la mort, *obediens usque ad mortem*, pour reprendre une expression chère à l'Eglise d'autrefois. Enfin la cinquième étape, celle que traverse actuellement notre humanité, consiste, selon l'enseignement de Marie de Bethléem, à vivre selon le principe de l'amour.

Je suis très heureux que notre institut de formation ésotérique de France m'ait invité à aborder avec vous ce thème exceptionnel. Il s'agissait d'une conférence d'autant plus importante que dans les prochaines années, nous l'avons déjà dit, l'influence de Marie se fera sentir de plus en plus. Certes, nombre de personnes restent encore peu sensibles à la manifestation de cet avatar, mais elles reconsidéreront bientôt leur position lorsque, face aux événements mondiaux qui se préparent, elles seront bien obligées d'admettre que l'avenir du monde est maintenant placé entre ses mains saintes.

DEUXIEME CONFERENCE
LES APPARITIONS MARIALES

Extrait d'une conférence donnée le 20 mai 1988 à l'Université Laval de Québec dans le cadre d'un cycle d'exposés organisé par notre institut de formation ésotérique de Québec. Nous avons expressément conservé le style oral de cette conférence.

LES APPARITIONS MARIALES

✢ ✢ ✢

Je suis particulièrement heureux de me retrouver parmi vous ce soir pour vous parler d'un thème qui, à mes yeux, revêt une très grande importance: celui des apparitions mariales. Vous remarquerez que nous avons délibérément choisi de présenter cette conférence en ce jour du mois de mai et cela n'est pas un hasard. En effet, le mois de mai (cinquième mois de l'année) est traditionnellement consacré à Marie et voilà une très belle occasion d'approfondir les mystères associés à ce grand avatar.

Nous avons déjà eu l'occasion d'aborder ensemble différentes dimensions de la mystique mariale essentiellement liées aux mystères du nombre 5, le nombre de l'alchimie et de la transmutation, mais nous touchons ce soir un tout autre aspect de la question. Il s'agit d'un domaine extrêmement délicat. En effet, malgré le nombre toujours croissant des apparitions mariales, il semble bien difficile d'aborder ce phénomène sans être rapidement confronté à un scepticisme ricanant, ou au contraire, à un véritable délire mystique. Mais, quelle que soit notre position, ces événements demeurent bouleversants et parfaitement insaisissables d'un point de vue rationnel et scientifique.

Or, ces phénomènes sont d'autant plus interrogeants qu'ils se multiplient de manière exceptionnelle. Les hermétistes chrétiens, sans toutefois accorder une crédibilité à l'ensemble des apparitions, y voient un signe évident des grands enjeux mondiaux de notre temps. En effet, nous croyons que notre époque est une période ontologiquement mariale, c'est-à-dire en relation directe et étroite avec cet être sublime qu'on appelle Marie.

C'est pourquoi nous allons chercher dans un premier temps, à mieux situer notre époque du point de vue ésotérique afin de bien en cerner le caractère marial, pour ensuite analyser de manière plus exhaustive une apparition, ou plutôt une série d'apparitions, celles de Lourdes. Dans un second temps, nous présenterons une méthode pratique permettant à l'aspirant de vivre une véritable expérience mystique développant en lui la force d'amour dont Marie est l'archétype et le vecteur privilégié.

Ainsi donc, pour mieux comprendre en quoi nous sommes particulièrement concernés par ces phénomènes d'apparitions, il est nécessaire d'étudier avec plus de détails le sens profond et le travail spécifique correspondant à notre époque actuelle d'évolution. Or, l'enseignement traditionnel de l'hermétisme chrétien nous précise que les grands enjeux évolutifs sont principalement caractérisés par les différentes ères zodiacales qui se succèdent, marquant ainsi les grandes étapes de notre évolution. Mais, qu'est-ce qu'une ère zodiacale ?

Une ère zodiacale est une période déterminée par le passage du soleil dans un signe du zodiaque. Par un phénomène astronomique, la précession des équinoxes, le soleil semble en effet reculer chaque année sur le cercle zodiacal, en croisant l'écliptique au moment de l'équinoxe du printemps. Ainsi, sa position régresse régulièrement d'un degré tous les 72 ans. Le soleil traverse donc un signe entier du zodiaque au cours d'une période de 2160 ans environ.

Sur un plan symbolique, le soleil représente l'esprit qui s'incarne sur terre. Les signes zodiacaux symbolisent quant à eux, la nature des expériences permettant à l'homme de poursuivre son évolution. Par son passage dans les signes du zodiaque, le soleil marque donc le caractère particulier et les grands enjeux évolutifs auxquels l'humanité sera soumise au cours d'une période donnée. C'est la raison pour laquelle cette période est désignée comme étant une ère zodiacale.

Prenons quelques exemples qui illustrent bien nos propos. En remontant près de 4000 ans avant Jésus-Christ, nous découvrons que le soleil entrait alors dans le signe du Taureau. Or, il est remarquable de constater que la symbolique du Taureau était particulièrement présente dans les reproductions religieuses d'alors. Dans l'Egypte pharaonique, berceau de notre ésotérisme moderne, le taureau Apis était un emblème religieux particulièrement important. Ce taureau-soleil était une véritable personnification de la force divine se renouvelant perpétuellement dans la nature. A cette même époque, en Assyrie et en Chaldée, d'impressionnants taureaux androcéphales, les Chérubs, étaient coiffés de tiares couvertes de gemmes, à l'image des souverains et des pontifes de leur pays, et pourvus de grandes ailes commes des aigles.

En étudiant plus à fond les grands enjeux sociaux de l'époque, nous découvririons également qu'ils étaient fortement empreints des caractéristiques astrologiques généralement attribuées au signe du Taureau. Ainsi, le signe zodiacal dans lequel se trouve le soleil détermine véritablement le contexte général à l'intérieur duquel évolue un peuple ou une civilisation. Toutefois, pour être plus précis encore, il importe de souligner que la vie spirituelle est plus précisément déterminée par le signe opposé. Ainsi, le signe opposé au Taureau est le signe du Scorpion. Aussi, la civilisation égyptienne fut fortement marquée, sur un plan initiatique et spirituel, par les puissantes influences du Scorpion.

Nous savons que le signe du Scorpion est directement associé à la sexualité, à la mort, aux choses secrètes. Or, l'enseignement ésotérique véhiculé par les collèges sacerdotaux égyptiens était effectivement profondément empreint de ces réalités. Il existait alors toute une mystique et toute une science de la mort dont l'embaumement et la momification furent peut-être les aspects les plus saisissants. Les prêtres égyptiens développèrent également un entraînement initiatique fort complexe où les aspects occultes de la sexualité prévalaient largement.

Deux mille ans plus tard, le soleil quitta le signe du Taureau pour entrer dans le signe zodiacal du Bélier. C'est alors que s'amorça une nouvelle période d'évolution marquée par l'enseignement de Moïse qui vint présenter au peuple hébreu un nouvel objectif correspondant à une phase nouvelle dans l'évolution de l'humanité.

Cette transition radicale ne fut pas facile à réaliser. Moïse devait en effet libérer le peuple hébreu de la tutelle de Pharaon pour le conduire à la terre promise.

Ce passage fantastique entre l'ère du Taureau et celle du Bélier nous est rapporté par les saintes Ecritures et s'amorce par l'épisode de la traversée de la mer Rouge. Le peuple hébreu, soumis aux directives de Moïse, l'avatar de l'ère nouvelle, traversa donc la mer Rouge à pied sec, amorçant ainsi sa marche souveraine vers un monde nouveau, alors que l'armée égyptienne (symbolisant les retardataires) fut engloutie sous les eaux déchaînées de la mer, étant demeurée sous la tutelle de Pharaon, symbole de l'ancien monde.

Sur le plan spirituel, le signe opposé à celui du Bélier est le signe de la Balance. Il s'agit du signe de la justice et de la loi, et les forces astrologiques de la Balance sont admirablement bien représentées par les tables de la loi transmises à Moïse sur le mont Sinaï. Ces tables de la loi déterminèrent désormais le caractère particulier du nouvel enseignement initiatique propre à l'ère du Bélier. Mais, nous l'avons vu, la transition vers une nouvelle ère ne peut se faire sans difficultés.

Les Ecritures nous rapportent à ce propos une anecdote fort intéressante. Lorsque Moïse redescendit de la montagne avec les tables de la loi, « en approchant du camp, il aperçut le veau et des choeurs de danse. Moïse s'enflamma de colère; il jeta de sa main les tables et les brisa au pied de la montagne. Il prit le veau qu'ils avaient fabriqué, le moulut en poudre fine, et en saupoudra la surface de l'eau qu'il fit boire aux Israélites. ».[1] Ainsi Moïse constata que son peuple adorait à nouveau le veau d'or. Or, le veau représente ici un jeune taureau, ce qui, sur un plan symbolique, révèle bien que le peuple hébreu était retourné aux croyances et aux enseignements de l'ancien monde, ceux de l'ère précédente.

Enfin, deux mille ans plus tard, le soleil entra dans le signe zodiacal des Poissons, vers le sixième siècle après Jésus-Christ. Un peu avant ce moment, et pour préparer la transition vers cette nouvelle ère, naquit Marie de Bethléem, l'avatar du nouveau cycle. Elle apporta un enseignement tout à fait nouveau qui révolutionna le monde comme nul autre ne l'avait fait précédemment. De Marie naquit également Jésus

1- Exode XXXII, 19-20.

qu'on nomma l'Agneau de Dieu. Le soleil était en effet dans les tout premiers degrés du signe du Bélier au moment de sa naissance, ce qui explique cette référence à l'agneau.

Or, il importe de souligner ici que cette transition Bélier-Poissons n'est pas uniquement le changement d'une ère zodiacale mais encore l'inauguration d'un nouveau cycle cosmique. En effet, le passage du signe du Bélier à celui des Poissons correspond au début d'un nouveau cycle zodiacal, l'année platonicienne des anciens philosophes. Aussi, cette entrée dans le signe des Poissons représenta pour l'humanité un moment charnière de son évolution. L'ère des Poissons, dans laquelle nous sommes toujours puisqu'elle ne se terminera que vers l'an 2650, est donc une ère zodiacale fondamentale, une frontière et une transition entre un ancien cycle et un nouveau cycle d'évolution.

Or, nous le savons, le signe des Poissons est profondément marqué par des expériences de purification, par l'affliction, la souffrance et les destinées mûres. Si nous observons le signe opposé à celui des Poissons, nous constatons qu'il correspond au signe de la Vierge, celui de Marie selon la tradition de l'hermétisme chrétien. Aussi, ce n'est pas fortuit si l'Eglise considéra

Marie comme corédemptrice de l'humanité et lui accorda dans sa liturgie une très grande importance. Ainsi, il apparaît que Marie symbolise, aujourd'hui encore, le passage initiatique vers une nouvelle étape dans notre évolution, comme elle représente également l'oeuvre spirituelle associée à l'ère des Poissons.

Marie est donc en quelque sorte l'instructeur et l'avatar de notre temps. C'est pourquoi ce fut elle qui, après la mort de Jésus, gouverna l'Eglise. C'est également Marie qui inspire et dirige l'évolution spirituelle de notre occident moderne afin de préparer l'humanité à franchir un nouveau cycle de son évolution. Pour ce faire, elle ne cesse d'enseigner aux hommes le service désintéressé, l'amour et la pureté, trois clés fondamentales qui s'apparentent fort bien aux énergies astrologiques associées au signe de la Vierge.

En réalité, le service, l'amour et la pureté renferment tout le programme initiatique de notre temps qui consiste à enfanter en notre coeur le Christ intérieur, le Lion de Juda. Or, ce lion n'est-il pas représentatif du signe du Lion, opposé au signe du Verseau, le nouvel âge à venir ? Il s'avère donc primordial de bien s'imprégner de la spiritualité mariale et de comprendre en quoi cet enseignement est nécessaire pour nous conduire vers une nouvelle expérience de la conscience. Et les messages de la Vierge, nous le verrons, sont particulièrement éloquents à ce niveau.

A la lumière de ce qui précède, nous vivons aujourd'hui une époque particulièrement importante. Saint Louis-Marie Grignion de Monfort (1673-1716) écrivait déjà à son époque: « L'âge et le temps heureux de Marie viendront bientôt et les âmes se perdront alors dans les abysses intérieurs de la Reine des Cieux, devenant les copies vivantes de Marie en ce sens qu'elles aimeront et glorifieront Jésus-Christ. ».

Aussi, nous ne saurions trop insister sur la gravité des enjeux liés à notre époque puisque les événements à venir et la manière dont nous les traverserons détermineront dans quelle mesure nous serons aptes à entrer dans le nouvel ordre du monde. Il importe d'éviter le piège de se croire déjà dans l'ère du Verseau en oubliant que l'examen de passage n'est pas encore achevé. De graves obstacles se dressent aujourd'hui devant nous et les concepts du nouvel âge ne peuvent seuls nous permettre de franchir l'étape actuelle. L'heure de l'épreuve a désormais sonné.

Beaucoup d'entre vous me connaissez depuis des années. Vous savez que je suis un homme fondamentalement positif et optimiste et que je parle très rarement des malheurs et des difficultés qui attendent notre humanité. Je me méfie toujours des prophètes de malheurs, préférant réaffirmer plutôt que l'homme est condamné au bonheur. Toutefois, il ne faut pas non plus se bercer de douces illusions: des événements difficiles mais déterminants pour l'évolution et l'avenir de l'humanité vont nous frapper dans des temps très proches. En effet, lorsqu'un étudiant a achevé un cycle d'étude, on le soumet à un ensemble de contrôles en vue de s'assurer qu'il a bien développé les compétences nécessaires pour entreprendre une nouvelle phase d'études. Or, bien que la période des examens soit toujours une période difficile, elle n'en est pas moins nécessaire et souhaitable.

Les tribulations à venir sont donc voulues et font partie des plans de la hiérarchie, de la même manière que les examens sont sanctionnés par les administrations scolaires. Puisque l'ère des Poissons ne se terminera que vers l'an 2650, l'humanité dispose donc encore de plus de six siècles pour achever cet examen. Cependant, les puissances supérieures ont déjà autorisé le commencement des épreuves. J'ai récemment eu l'occasion de faire une conférence sur les forces des ténèbres et les obstacles qu'elles représentent pour l'entrée dans le nouvel âge. Or, il importe de bien comprendre que le tentateur, Satan, est d'ores et déjà à l'oeuvre pour éprouver l'humanité afin de juger si celle-ci est suffisamment préparée pour poursuivre sa route sur le sentier de la liberté. Cette épreuve orchestrée par Satan est en tout point comparable à celle que nous rapporte le livre de Job, un ouvrage initiatique exceptionnel. Pour en saisir les mécanismes et le sens profond, laissez-moi vous raconter l'histoire biblique de Job, cet homme que Satan fut autorisé à soumettre aux pires épreuves afin d'éprouver sa foi.

Ainsi, rapportent les Ecritures: « Le jour où les Fils de Dieu venaient de se présenter devant le Seigneur, Satan aussi s'avançait parmi eux. Le Seigneur dit alors à Satan: " D'où viens-tu ? " - " De rôder sur la terre, répondit-il, et d'y flâner." Et le Seigneur reprit: " As-tu remarqué mon serviteur Job ? Il n'a point son pareil sur la terre: un homme intègre et droit, qui craint Dieu et se garde du mal !" Et Satan de répliquer: " Est-ce pour rien que Job craint Dieu ? Ne l'as-tu pas entouré d'une haie, ainsi que sa maison et son domaine alentour ? Tu as béni toutes ses entreprises, ses troupeaux pullulent dans le pays. Mais étends la main et touche à ses biens; je te jure qu'il te maudira en face ! " - " Soit ! dit le Seigneur à Satan, tous ses biens sont en ton pouvoir. Evite seulement de porter la main sur lui." Et Satan sortit de l'audience du Seigneur. ».[2]

Il est bon ici de noter que Satan tenta par trois fois Job afin de le détourner des voies du Seigneur. Sur un plan symbolique, la tradition de l'hermétisme chrétien affirme que la première épreuve que subit Job (perte des biens matériels) correspondait à l'alchimie du plan biophysique. La seconde épreuve vécue par Job (la rébellion de sa femme) correspondait à l'alchimie du plan émotionnel, alors que la troisième épreuve qu'affronta Job (la discussion avec ses amis) correspondait à l'alchimie du plan mental. Ce plan mental épuré lui permit alors de se libérer en accomplissant une véritable réconciliation de sa nature corporelle et de sa nature spirituelle.

Or, nous pouvons affirmer sans trop de risques que nous vivons actuellement, en tant que peuple, les temps prophétisés dans cet épi-

---

2- Job I, 6-12.

sode biblique alors que l'humanité s'apprête à traverser l'étape la plus décisive de son histoire. Ainsi, et de même que pour Job, les hommes les plus évolués seront également les plus subtilement éprouvés. A ce propos, on rapporte dans certains milieux, une bien étrange histoire qui se serait passée à Rome en 1884, alors que Sa Sainteté Léon XIII était souverain pontife.

Un jour d'octobre, le pape célébrait sa messe, comme tous les matins, dans la chapelle vaticane, entouré de quelques invités de marque. Après sa messe, alors qu'il récitait au pied de l'autel ses dernières prières avant de se retirer, le Saint Père entra soudainement dans un état d'extase. L'assistance, étonnée, le vit devenir complètement blanc et comme illuminé de l'intérieur, comme absorbé dans un halo de lumière blanche. Cette extase dura une dizaine de minutes puis le Saint Père reprit ses esprits et, dans un état d'inquiétude et d'agitation extrêmes, se retira précipitamment dans ses bureaux. Il y rédigea une prière adressée à saint Michel archange pour combattre, selon ses propres termes, « Satan et les autres esprits mauvais qui parcourent le monde pour la perte des âmes. ». Cette prière, accompagnée de deux autres prières adressées à la Vierge Marie furent reproduites et le pape ordonna alors qu'elles soient lues par tous les prêtres après chaque messe basse. Malheureusement, cette pratique a cessé depuis plusieurs années maintenant.

Mais qu'avait donc vécu le pape lors de ces quelques minutes d'extase ? On rapporte que le pape aurait entendu une curieuse conversation, étrangement semblable à celle que nous présente le livre de Job. Le pape aurait en effet entendu deux voix, l'une lugubre et semblant provenir des profondeurs, l'autre douce et aimable. La voix lugubre prophétisa la perte de l'Eglise, non seulement en tant qu'institution mais également en tant que corps mystique du Christ. Cette voix rajouta cependant que, pour ce faire, il lui fallait plus de temps (cent ans) ainsi que davantage de pouvoirs sur les hommes. La voix douce et aimable répondit alors en ces termes mêmes: « Tu as le temps dont tu as besoin et tu as plus de pouvoirs sur les hommes. ».

C'est ainsi qu'un matin d'octobre 1884, s'amorçait une étape primordiale pour l'histoire de l'humanité. A l'image de Job, les initiés de l'ère des Poissons seraient éprouvés afin de les préparer à une nouvelle dimension de leur évolution. Considérant ainsi l'état actuel des choses et sachant les enjeux tramés sur les plans subtils entre les forces du mal et les forces du bien, il est aisé de comprendre les difficultés immenses auxquelles notre civilisation se retrouve confrontée aujourd'hui. De même, il est possible de mieux saisir la raison pour laquelle il y a, en cette fin de millénaire, autant d'apparitions de la Vierge et pourquoi Marie ne cesse de répéter dans ses messages que Satan cherche à détruire son oeuvre. De même, elle rappelle aux hommes les valeurs primordiales afin qu'ils puissent, les méditant en leur coeur, traverser plus facilement cette période troublée.

Plus encore, non seulement elle rappelle aux hommes ces valeurs primordiales, mais elle leur laisse également, à l'issue de chacune de ses apparitions, un véritable talisman de protection qui peut revêtir la forme d'un archétype, d'une image ou encore d'une médaille. Déjà au seizième siècle, Marie se manifesta aux hommes en leur laissant une image miraculeuse. Cela se passait au Mexique en 1531. La Vierge apparut à un jeune indien: Jean Diego, sur la colline du Tepeyac, à environ quatre milles de Mexico, et lui dit: « Sache, mon très cher enfant que je suis Marie, toujours Vierge, Mère du vrai Dieu. Je désire qu'on m'édifie un sanctuaire ici, afin de montrer mon amour, ma compassion, mon secours et ma défense. Car je suis votre pieuse mère, à toi, à tous les habitants de ces terres et à tous ceux qui m'aiment, m'invoquent et ont confiance en moi. J'écouterai leurs misères, leurs peines, leurs douleurs. Tu es mon ambassadeur. Va voir l'évêque et dis-lui tout ce que tu as vu et admiré et que j'ai un grand désir que l'on m'élève ici un sanctuaire. ».

L'évêque écouta et demanda un signe. Aussi lorsque Jean revit la Vierge pour la troisième fois, il lui dit: « Madame, pourquoi ne faites-vous pas passer votre message par une personne importante que l'évêque pourrait croire ? » Marie répondit: « En effet mon enfant, je pourrais passer par bien d'autres messagers, mais c'est toi que j'ai choisi. Monte au sommet de Tepeyac. Tu y trouveras des roses et tu les apporteras à l'évêque pour qu'il te croit. ».

Jean s'exécuta. Il remplit son manteau de roses. Il réussit à voir l'évêque et il ouvrit son manteau pour offrir les roses; sur l'étoffe grossière, une image de la Vierge Marie apparut. Elle est depuis conservée à Mexico dans la basilique de Notre-Dame de la *Guadelupe*, et elle est toujours aussi fraîche et belle qu'au premier jour bien qu'elle soit là depuis plus de quatre cents ans.

En 1830, ce n'est pas une image miraculeuse que Marie offrit à l'humanité mais une médaille. A Paris, le 18 juillet 1830, soeur Catherine Labouré fut éveillée en pleine nuit par un petit enfant qui lui dit: « Ma soeur, tout le monde dort bien; venez à la chapelle: la sainte Vierge vous attend. ». Croyant rêver, Catherine se leva, s'habilla et suivit l'enfant. La maison était tout illuminée et les portes, fermées à clef, s'ouvrirent facilement sous les doigts de l'enfant. A peine agenouillée à la chapelle, Catherine entendit le bruissement d'une robe de soie... La Vierge était là, resplendissante. Elle s'assit dans le fauteuil de l'aumônier, Catherine se jeta à ses genoux et pendant deux heures, la Vierge Marie parla à Catherine comme une mère qui se confie à son enfant.

Puis, le 27 novembre 1830, vers 17 h 30, la Vierge réapparut à Catherine. Celle-ci la vit, debout, les pieds posés sur un globe terrestre, où s'agitait un serpent de couleur verdâtre. Elle dit à Catherine: « Cette boule représente le monde entier, la France en particulier, chaque personne en particulier. ». La Vierge tenait entre ses mains un globe plus petit surmonté d'une croix d'or. Elle l'offrait à Dieu d'un geste suppliant... Tout à coup les doigts de ses mains se remplirent d'anneaux porteurs de diamants qui jetaient des rayons de tous côtés... Elle dit: « c'est l'image des grâces que je répands sur les personnes qui me les demandent . ».

Puis, un tableau ovale se forma autour de la Vierge et Catherine vit apparaître en lettres d'or: « O Marie conçue sans péché, priez pour nous qui avons recours à vous ! » ... Le globe disparut. Les mains ruisselantes s'abaissèrent, la Vierge regarda vers la terre et Catherine entendit: « Faites frapper une médaille sur ce modèle. Les personnes qui la porteront avec confiance recevront de grandes grâces. ».

Puis, le tableau parut se retourner et un nouveau tableau, devenu le revers de la médaille, apparut: un grand **M**, initiale de Marie, surmonté d'une croix. Au-dessous, les deux coeurs: Celui de Jésus, couronné d'épines; Celui de Marie, percé par le glaive... douze étoiles entouraient ce tableau. Catherine raconta tout à son confesseur, qui décida un peu plus tard de faire frapper la médaille, à laquelle tout naturellement on donna le nom de médaille de l'Immaculée Conception... Mais elle accomplit tant de miracles qu'on l'appelle aujourd'hui la médaille miraculeuse.

Les apparitions à Lourdes et à Fatima, insisteront, quant à elles, sur les puissantes vertus protectrices du chapelet. Ainsi à Fatima, le 13 mai 1917, Marie apparaît en plein midi à trois enfants Lucia, Jacintha et Francisco, et leur dit : « Voulez-vous vous offrir à Dieu pour faire des sacrifices et accepter de bon coeur toute souffrance qu'il voudra bien vous envoyer, pour réparer tant de péchés qui offensent la majesté divine, obtenir la conversion des pécheurs et faire amende honorable pour tous les blasphèmes et offenses contre le coeur immaculé de Marie ? Vous aurez bientôt beaucoup à souffrir, mais la grâce de Dieu vous aidera et vous donnera la force dont vous aurez besoin. ». Et elle leur demanda de réciter chaque jour le chapelet.

Inscrites dans cet ordre des choses, les apparitions mariales ne sont donc pas des phénomènes qu'il faut considérer à la légère mais bien des événements déterminants qui doivent être perçus comme autant d'assistance accordée par les puissances de la lumière en ces temps primordiaux. Pensons encore ici aux trois messages délivrés par la Vierge à Fatima. Parmi ces trois messages, deux ont été divulgués et un est demeuré secret. On a beaucoup parlé de ce troisième message, d'autant plus que le Vatican s'était engagé à le révéler au début des années soixante mais il n'en a jamais reparlé. En 1981,

Sa Sainteté Jean-Paul II, de passage en Allemagne, a même été questionné sur ce sujet et sembla quelque peu embarrassé. Certains ecclésiastiques croient que ce message serait en rapport avec des événements tragiques à venir. Ainsi donc, l'humanité devrait subir des transformations aussi profondes que radicales. La terre verrait sa géographie profondément transformée, l'Eglise elle-même serait entièrement bouleversée. Quoiqu'il en soit, le pape visiblement remué intérieurement, prit alors son chapelet dans ses mains et déclara sur un ton extrêmement grave: « Voilà l'arme qui va nous défendre contre les tribulations à venir. Remettez-vous dans les mains de la Mère de Dieu. ». Et il ajouta: « N'ayez pas peur. ».

Cette injonction « N'ayez pas peur » se fait en quelque sorte l'écho des principaux messages de la Vierge. Certes, il apparaît aux yeux de tous, que l'humanité traverse actuellement une période fort difficile, alors que tout semble mystérieusement ébranlé. Aussi, il importe de bien comprendre que ces transformations extérieures ne sont qu'un reflet des profondes modifications intérieures qui s'amorcent au niveau de la conscience. Ainsi, ce n'est pas le fait qu'il y ait disparition de telle ou telle partie d'un continent qui importe; ce n'est pas non plus le fait que des épidémies terribles puissent ravager l'humanité ou qu'une crise boursière sans précédent puisse menacer la pérennité de notre système économique actuel qui est essentiel. Tout cela n'est qu'un signe visible des transformations invisibles qui concourent à la mutation de l'homme. Or, en ce domaine, nous ne sommes pas seuls et il importe de bien s'imprégner du fait que la Vierge Marie est constamment à nos côtés pour nous assister dans les épreuves.

Aussi, dans la tribulation des trois grands jours de noirceur que certains ésotéristes annoncent sans en saisir le sens véritable, lorsque nous faiblirons devant tant d'épreuves, nous pourrons découvrir le véritable sens de la vie, une rose dans ce désert de notre existence, une rose mystique ayant pour nom Marie. C'est pourquoi, il importe aujourd'hui d'étudier de manière plus exhaustive les messages et le sens profond des apparitions mariales car celles-ci nous indiquent le chemin à suivre pour nous libérer de l'emprise de ce monde et devenir ainsi un authentique citoyen de la Jérusalem céleste.

Dans ce but, nous étudierons plus particulièrement ce soir les apparitions de la Vierge à Lourdes et quelques éléments de l'extraordinaire cheminement initiatique de Bernadette Soubirous. Avant toute chose cependant, j'aimerais vous relater une expérience personnelle en rapport avec Lourdes. Cette expérience assez exceptionnelle a le mérite de bien illustrer cet appel que suscite Marie en nos coeurs et qui défie entièrement toute raison humaine, trop étroite et bien souvent aveugle.

Jusqu'à l'âge de vingt-deux ans, j'ai été principalement intéressé par les domaines philosophique et scientifique (toute ma jeunesse fut essentiellement consacrée à lire des ouvrages encyclopédiques dans la retraite de ma chambre). A l'âge de quinze ans, j'ai quitté l'Eglise, considérant le dogme de la rémission des péchés comme quelque chose de profondément inacceptable. En effet, je venais de découvrir à l'époque, la loi du karma et je me disais alors: « Comment ce prêtre de paroisse, dont le vécu est d'ailleurs plus ou moins en harmonie avec ce qu'il enseigne, peut-il, par un simple mot, prétendre lever notre karma ? ». Cela me révoltait complètement.

Je rejetai donc l'Eglise et je m'engageai à l'intérieur d'une école ésotérique. Curieux retour des choses, c'est précisément l'enseignement ésotérique de cette école qui me fit revenir plus tard à l'Eglise. Toutefois, la rémission des péchés demeurait toujours pour moi quelque chose d'intolérable.

Les années passèrent et je fis un premier voyage en France. Or, j'avais depuis toujours la ferme intuition qu'il me fallait vivre ce voyage. Accompagné d'un ami, je pris donc l'avion en direction de Paris. Ceux qui nous reçurent à l'aéroport, décidèrent de nous faire visiter aussitôt la cathédrale Notre-Dame. Nous étions fatigués mais, n'osant pas refuser, nous avons accepté l'invitation. Ainsi, à peine arrivé en France, je me retrouvai à l'intérieur de la cathédrale Notre-Dame de Paris. Or, curieusement, c'était l'heure de la messe. Nos hôtes s'assirent pour y assister et nous fîmes de même. Je ressentis alors quelque chose de particulier comme un appel adressé par Notre-Dame. Troublé, je décidai au cours de mon voyage de visiter toutes les cathédrales dédiées à Notre-Dame et ceci me conduisit également, mystérieusement, à Lourdes.

Après avoir traversé les petites rues de la ville entièrement envahies par des commerçants d'objets pieux, j'arrivai enfin au sanctuaire. Je me dirigeai alors vers la grotte de Massabielle où Marie était apparue à la jeune Bernadette et ce fut le moment le plus important de ma vie. L'ami qui m'accompagnait s'était mis à pleurer, c'était la première fois que je le voyais en larmes. Quant à moi, j'ai ressenti quelque chose de fantastique et j'ai su, en sortant du sanctuaire de Lourdes, que j'allais être prêtre. C'était une chose vraiment inattendue. Comment cela pourrait-il se faire ?

Conformément à l'intuition reçue, je rencontrai quelques jours plus tard l'évêque qui allait m'ordonner. Ainsi, le rationnaliste anticlérical que j'étais, fut converti à un véritable mysticisme religieux par l'impact extraordinaire de ces lieux bénis où s'étaient accompli des années auparavant le cycle d'apparitions de la Vierge à Bernadette Soubirous.

Avant de présenter ce cycle d'apparitions, il importe de bien préciser que Marie se manifeste selon trois modes parfaitement distincts. Le premier mode est celui de l'apparition proprement dite au cours de laquelle Marie apparaît en trois dimensions. Elle est alors perçue comme étant en chair et en os et il est même parfois possible de la toucher. Le second mode est celui de la vision. Marie apparaît alors dans un univers bidimensionnel de la même manière que sur un écran de cinéma. Le troisième mode est enfin celui de la locution intérieure au cours de laquelle il est possible d'entendre la Vierge sans la voir.

Cette audition est bien évidemment toute intérieure: c'est la voix du coeur. Dans le cas de Bernadette, ce fut un phénomène d'apparition et ce sont ces apparitions que nous allons maintenant étudier.

Bernadette Soubirous est née à Lourdes le 7 janvier 1844, dans une famille pauvre habitant dans une pièce vétuste où l'on enfermait autrefois les criminels. Bernadette était une enfant frêle et fragile, souffrant d'asthme. Elle fut atteinte du choléra en 1855 et sa croissance fut retardée. Aînée de quatre enfants, elle n'a pu fréquenter l'école et était encore analphabète à l'âge de quatorze ans. C'est pourtant cette enfant que la bienheureuse Marie choisit comme témoin de son message à l'humanité.

La première apparition eut lieu le 11 février 1858, à la grotte de Massabielle. Bernadette, dans ses récits autobiographiques conservés au couvent de Nevers, raconte en ces termes la première apparition: « La première fois que je me suis rendue à la grotte, c'était le 11 février. J'y allai avec deux autres petites filles, pour ramasser du bois. Arrivées au moulin, je leur demandai si elles voulaient voir l'endroit où le canal se jette dans le Gave. Elles me répondirent que oui. Nous avons alors longé le canal, et nous nous sommes retrouvées devant une grotte. Ne pouvant faire autrement, mes compagnes entreprirent de traverser le ruisseau qui les séparait de la grotte. Tout à coup, elles se mirent à pleurer. Je leur demandai pourquoi. Elles me répondirent que l'eau était trop froide. Pour que je passe sans me déchausser, je les priai alors de m'aider à disposer des pierres mais elles me répondirent que si je voulais passer, je n'avais qu'à faire comme elles.

J'allai voir un peu plus loin si je pouvais traverser sans me déchausser; en vain. Je retournai alors devant la grotte et commençai à me déchausser. J'avais à peine enlevé une chaussette, que j'entendis un bruit qui ressemblait à un coup de vent. Je tournai la tête du côté de la prairie qui s'étend face à la grotte et remarquai que les arbres ne remuaient pas. Je continuai à me déchausser. J'entendis à nouveau le même bruit, et levai les yeux vers la grotte.

J'aperçus une Dame vêtue de blanc: elle portait une robe blanche, un voile blanc également, une ceinture bleue et une rose jaune sur chaque pied, de la même couleur que la chaîne de son chapelet. Je restai interdite. Je croyais me tromper. Je me frottai les yeux et regardai à nouveau. Je voyais toujours la même Dame.

Je pris mon chapelet dans ma poche. Je voulais faire le signe de croix, mais n'arrivais pas à porter la main à mon front; elle retombait. Je fus prise d'une grande peur; ma main tremblait. Mais je restai là. La Dame prit le chapelet qu'elle avait autour du poignet et fit le signe de croix. J'essayai alors moi-même de le faire, et réussis. Dès que j'eus fait le signe de croix, la peur qui m'avait envahie disparut. Je m'agenouillai et récitai mon chapelet avec la belle Dame. L'Apparition égrenait le sien, sans remuer les lèvres. Le rosaire terminé, elle me fit signe d'approcher, mais je n'osai pas. Elle disparut alors brusquement.

Chemin faisant, j'ai demandé à mes compagnes si elles avaient vu quelque chose; elles me répondirent par la négative. Je leur posai la question une seconde fois. Elles me dirent qu'elles n'avaient rien vu. Elles ajoutèrent: " Et toi, tu as vu quelque chose ? " " Si vous n'avez rien vu, moi non plus ! " Je pensais que je m'étais trompée. Pendant le retour, mes compagnes me demandèrent avec insistance ce que j'avais vu. J'aurais voulu ne pas leur dire, mais elles ont tellement insisté, que je me suis décidée à parler. Mais à une condition: qu'elles m'assurent de ne le répéter à personne. Elles me promirent un silence absolu. Mais à peine arrivées à la maison, elles furent prises d'une telle envie de parler qu'elles racontèrent tout. ».

La description de cette apparition est extrêmement intéressante sur bien des points. Bernadette précise d'abord qu'elle entend un vent souffler alors que les arbres demeurent immobiles. Ce détail est fondamental car la sensation de vent accompagne presque toujours la manifestation d'un être spirituel. Les arbres demeurent immobiles car ce n'est qu'une sensation subtile sans rapport avec le monde concret. Ce souffle merveilleux envahit le lieu de toute manifestation spirituelle et devient perceptible à la conscience éclairée.

Puis, Bernadette voit alors la Vierge Marie qui lui sourit. La description qu'elle en fait est fort intéressante. En effet, le blanc, l'or et le bleu décrits par Bernadette représentent les couleurs de l'aura glorieuse de Marie. Plus précisément, il s'agit des couleurs de la dévotion et de l'intériorité qui ont toujours été associées à la Vierge. Un autre détail particulièrement significatif est celui concernant les pieds de la Dame. Les initiés savent très bien que les êtres évolués ont sur les pieds des centres énergétiques pleinement actifs qui, à la vision clairvoyante, apparaissent comme des lumières dorées. Les roses jaunes perçues par la petite Bernadette sur les pieds de la Dame correspondent donc bien aux centres éveillés qui, chez ceux qui sont pleinement illuminés comme Marie, sont au nombre de douze et se déploient des pieds jusqu'à la tête.

Dans une autre version, Bernadette ajoute que la Dame, quoique d'une expression et d'une attitude empreinte d'une majestueuse maturité, possédait les traits d'une toute jeune femme. Bernadette l'appellera d'ailleurs pendant longtemps la Belle Demoiselle. Or, nous savons qu'en raison de son niveau d'évolution spirituelle, Marie conserva tout au long de son incarnation et jusqu'à sa transition vers les plans supérieurs, les traits d'une jeune femme. La Pieta de Michel-Ange en est une excellente représentation. Marie, portant en ses bras le corps de son fils crucifié, possède toujours les traits d'une jeune femme de vingt ans.

Devant cette apparition, Bernadette est pourtant paralysée par la peur et fait le geste de prendre son chapelet. C'est bien là le signe qu'elle était déjà très proche des réalités mariales, ce qui explique le choix de la Dame. La jeune fille ne réussit à se calmer intérieurement que lorsque la Vierge fait le signe de croix. Le signe de croix que fit la Dame, dira-t-elle plus tard, semblait rester dans l'air et reposer en même temps sur mon front. Ce détail apparemment anodin se révèle en fait extrêmement important. En effet, l'hermétiste chrétien comprend ici que le signe de croix accompli par la Vierge Marie fut un geste de pouvoir qui eut pour conséquence de marquer effectivement le front de Bernadette du signe des élus, de ceux qui, ayant réussi à maîtriser leur personnalité et à la soumettre au service de l'esprit, sont aptes à l'initiation suprême.

Libérée de cette peur, c'est alors qu'elle décide de réciter son chapelet avec la belle Dame. Dès la première apparition, nous constatons que le chapelet revêt une place d'importance. Ceci n'est guère étonnant lorsque l'on sait que le chapelet possède une extraordinaire dimension initiatique: c'est un outil sacré construit sur des lois bien précises et dont la pratique régulière peut opérer une véritable alchimie de la nature humaine. En effet, de par l'élément rythmique monotone que sa récitation suppose, le chapelet prédispose la dimension mentale de l'homme à se libérer de l'emprise de la personnalité pour se tourner vers les mondes de l'esprit. En d'autres termes, la personne se met dans un état de conscience altérée où la capacité de raisonner n'intervient plus, le mental devenant alors un authentique canal sensible aux impulsions de l'esprit. Toutes les religions ont d'ailleurs en ce sens enseigné à leurs fidèles la récitation monotone et répétitive de certains mots de pouvoir (mantras) pour atteindre ultimement la fusion avec le divin. Or, la récitation du chapelet contribua ici à accentuer l'état d'extase et de clairvoyance qui permit à Bernadette de maintenir, puis d'approfondir sa relation intérieure avec la Dame.

Plus encore, rappelons que dans un rosaire (l'équivalent de la récitation de trois chapelets successifs), il y a quinze mystères: les cinq mystères joyeux, les cinq mystères douloureux et les cinq mystères glorieux. Ces quinze mystères constituent autant de clés initiatiques que tout être humain doit acquérir pour arriver à sa réalisation. Ainsi le chapelet et le rosaire qui semblent aujourd'hui rétrogrades peuvent pourtant permettre de passer à un nouvel ordre du monde par une transmutation de notre état de conscience. La récitation du chapelet était donc ici, à la fois l'outil permettant à Bernadette d'établir une relation plus intime avec la Dame, ainsi que le résumé de son enseignement et de sa mission.

Le chapelet terminé, l'Apparition s'évanouit et Bernadette retourna à la maison avec Toinette, sa plus jeune soeur, et Jeanne Abadie, son amie. Malheureusement, ses deux compagnes ne purent s'empêcher de tout rapporter aux parents. Ces derniers le prirent très mal: la mère interdit à Bernadette de retourner à la grotte de Massabielle. C'est alors que s'amorça pour Bernadette une série d'épreuves propres à ceux qui sont appelés à vivre les expériences particulières de la vie spirituelle. Bernadette dut ainsi lutter continuellement contre le scepticisme, le ridicule, la calomnie et la persécution. Ces dures leçons ont sans doute pu éprouver la fidélité, la persévérance et la stabilité de la jeune contactée.

La seconde apparition de la Dame eut lieu le 14 février, soit donc après un cycle de trois jours correspondant à un profond travail d'intégration intérieure. C'est ainsi que Bernadette nous le raconte: « Je suis retournée à la grotte pour la seconde fois le dimanche suivant. Je m'en souviens bien parce que je me sentais poussée par une force intérieure. Ma mère m'avait défendu d'y retourner. Après la messe solennelle, j'allai avec mes deux compagnes redemander à ma mère qu'elle m'envoie à la grotte. Elle ne voulait absolument pas. Elle avait peur que je tombe dans l'eau, et que je ne sois pas revenue pour les vêpres. Je lui promis que si. Elle me donna alors la permission.

Avant de partir, je me rendis à la paroisse avec une petite bouteille pour prendre un peu d'eau bénite que je lancerais à l'Apparition une fois arrivée à la grotte, si par hasard je la revoyais. Arrivées à la dite grotte, chacune prit son chapelet et nous nous agenouillâmes pour réciter le rosaire. Je venais à peine de réciter la première dizaine du rosaire que je vis apparaître la même Dame. Aussitôt, je commençai à l'asperger d'eau bénite, en lui demandant de rester si elle était envoyée par Dieu, sinon, de disparaître. Elle me souriait et inclinait la tête. Plus je l'aspergeais, et plus elle souriait et inclinait la tête. Je remarquai qu'elle faisait toujours les mêmes gestes avec la plus grande insistance. Je pris peur, et l'aspergeai plus vite encore. Je continuai jusqu'à ce qu'il n'y ait plus d'eau bénite. Le rosaire terminée, elle disparut. ».

La tradition chrétienne attribue à l'eau bénite une force exceptionnelle pour éloigner tous les fantômes et les mauvais esprits. Or, la Dame reçut ce sacramental avec le sourire, et elle sembla même s'en nourrir avec révérence puisqu'elle inclina la tête avec respect. Il faut également noter que lors de cette seconde apparition, Bernadette avait su franchir le Gave et n'était plus séparée de la Vierge. Cette proximité symbolise extérieurement une plus grande communion intérieure avec Marie.

Au cours de cette seconde apparition, Bernadette atteignit également un profond état extatique et ses compagnes s'effrayèrent en la voyant comme auréolée d'une grande lumière blanche. Devant l'inertie de leur amie, elles tentèrent de la soulever mais Bernadette était si pesante qu'il fallut l'aide d'un robuste meunier pour réussir à la porter. De retour à la maison, sa mère entra en colère et lui interdit à nouveau de retourner à la grotte.

La troisième apparition de la Dame eut lieu le 18 février. « La troisième fois que je me suis rendue à la grotte, rapporte Bernadette, c'était le jeudi suivant. Quelques personnes respectables m'accompagnaient. Elles m'avaient recommandé d'emporter une feuille de papier, une plume et de l'encre et de demander à la Dame si elle avait quelque chose à dire, d'avoir la bonté de le mettre par écrit.

Quand je le lui demandai, la Dame se mit à sourire et me dit qu'elle avait tellement de choses à me dire qu'il n'était pas nécessaire de l'écrire. Elle me demanda si je voulais avoir la bonté de revenir pendant quinze jours. J'acceptai. Elle ajouta alors qu'elle ne me promettait pas le bonheur dans ce monde, mais dans l'autre. Je suis retournée à la grotte pendant quinze jours. L'Apparition m'est apparue tous les jours, à l'exception d'un lundi et d'un vendredi. ».

Avec cette troisième apparition, Bernadette a suffisamment prouvé sa valeur pour être digne d'amorcer avec la Dame un cycle de quinze jours correspondant bien évidemment aux quinze mystères du rosaire. Mais cette oeuvre initiatique ne fut pas réalisée sans difficultés. Ses parents la menacèrent même de la prison, mais elle réaffirma pourtant calmement: « Je dois tenir ma promesse. ».

Par ses paroles, Bernadette amorça donc un nouveau cycle d'apparitions et atteignit lors de la quatrième apparition des états encore plus grands de révélations spirituelles qu'elle décrit comme une communion plus intime avec la Dame. Ainsi, lors de cette quatrième apparition qui eut lieu le 19 février, Bernadette entra en extase après le troisième *Ave Maria*. Elle pâlit, changea de physionomie et sourit doucement sans montrer toutefois ce qu'elle ressentait intérieurement. C'est lors de cette apparition que pour la première fois, Bernadette apporta à la grotte un cierge bénit et à partir de ce moment, elle le rapporta toutes les fois jusqu'à la quatorzième apparition. Nous savons que l'usage des cierges fut par la suite conservé à Lourdes.

Il est intéressant de souligner ici que les traditions religieuses ont toujours reconnu que le fait d'allumer un cierge ouvre une porte sur les mondes invisibles et met en contact direct avec les plans spirituels. Ainsi par exemple, lorsqu'un individu allume un cierge pour prier, sa prière est immédiatement transférée par le médium du feu sur les plans supérieurs pour être acheminée vers les êtres célestes chargés d'y répondre.

Plus encore, le feu a toujours fasciné l'être humain. Sa contemplation procure chez lui un effet quasiment hypnotique qui prédispose sa dimension mentale à se libérer de l'emprise cristallisante de sa nature raisonnante et d'une dimension émotionnelle non encore épurée et maîtrisée. L'intellect s'ouvre alors plus largement aux réalités spirituelles. Bon nombre d'écoles des mystères ont même utilisé en ce sens le feu comme support pour développer chez leurs aspirants certaines facultés psychiques dont notamment, la clairvoyance.

La cinquième apparition eut lieu le 20 février et la Dame apparut une trentaine de minutes. A la fin de l'entrevue, une grande tristesse envahit le visage de la jeune fille. La sixième apparition eut lieu le 21 février. Bernadette était alors accompagnée par le docteur Dozous qui rapporta ce qui suit: « Arrivée à la grotte, Bernadette s'agenouilla, prit le chapelet et se mit à prier. Son visage, soudainement, subit une transformation que tous purent observer. C'était le signe indiquant qu'elle parlait avec la vision. Moi, je suivais avec une grande attention tous ses mouvements, je les étudiais sous tous les aspects. Je voulus voir comment étaient sa circulation sanguine et sa respiration en ce moment. Je lui pris un bras pour l'examiner: le pouls était tranquille, régulier. La respiration était normale. Rien n'indiquait une excitation nerveuse. Quand je lui lâchai le bras, Bernadette avança soudain vers la grotte et deux grosses larmes coulèrent sur ses joues. Ce changement soudain me surprit. Au terme de la vision, je lui demandai ce qui s'était passé pendant ce temps. Elle me répondit: la Dame d'un air triste m'a dit: priez pour les pécheurs. ».

La septième apparition eut lieu le mardi 23 février. C'est lors de cette apparition que la Dame confia à Bernadette trois secrets. Jamais Bernadette ne dévoila ces secrets. On l'interrogea, certes, maintes et maintes fois en utilisant des arguments de plus en plus subtils mais Bernadette resta muette comme une tombe. C'est un trait assez caractéristique des apparitions mariales. Mais pourquoi un tel secret ? Sans doute pour éprouver, d'une part, l'obéissance et la fidélité de celui qui reçoit les messages mais également en vue de créer une intimité toute particulière. En effet, le partage exclusif d'un secret est peut-être la plus grande preuve d'amour car c'est là l'expression privilégiée du respect, de la confiance et de l'échange entre deux êtres.

La huitième apparition eut lieu le 24 février. En présence d'environ trois cents personnes, Bernadette rentra à nouveau en extase et elle reçut un nouveau message de la Dame: « Pénitence ! Pénitence ! Pénitence ! Priez Dieu pour les pécheurs ! Baisez la terre en signe de pénitence pour les pécheurs ! ».

Lors de cette huitième apparition, Bernadette eut la vision du corps spirituel de la Dame et les roses jaunes de ses pieds resplendirent de feux célestes. Sa puissance et sa grâce furent si intenses que Bernadette en fut profondément bouleversée. Elle avait maintenant appris l'art de la conversation sans paroles, de la communion du coeur avec le coeur, qui ne connaît pas de limites de temps ou d'espace. Bernadette fut alors invitée à travailler pour le monde malade et à inciter ardemment les gens à faire pénitence.

Aussi, c'est à partir de cette date que commence la phase pénitentielle des apparitions. En effet, à partir de la huitième apparition, Bernadette, obéissant à la Dame, accomplit les quatre gestes de pénitence à la grotte. Ces oeuvres pénitentielles sont communes à un grand nombre d'apparitions. Considérant en effet la mission alchimique de Marie, nous comprenons que ses exhortations soient essentiellement fondées sur un travail de purification et d'épuration de la personnalité.

Il est remarquable de constater également que le nombre 8, attribué selon l'ordre chronologique à cette apparition, est précisément celui du salut par la purification alchimique, le fondement même de l'ésotérisme marial. Selon la tradition de l'hermétisme chrétien, le nombre 8 est en effet le nombre de la résurrection. Ainsi, déclare saint Augustin, « au-delà du septième jour, vient le huitième jour qui marque la vie des justes et la condamnation des impies. ». Soulignons aussi que le signe du Scorpion est le huitième signe du zodiaque. Or, la hiérarchie du Scorpion est celle qui infuse en la conscience humaine une énergie fortifiant les dispositions internes nécessaires pour transcender les éléments vils et les forces instinctuelles qui dominent encore la personnalité.

Enfin, cette huitième apparition se conclut par un message qui, *a priori*, peut sembler fort étrange: « Baisez la terre en signe de pénitence pour les pécheurs ! ». Pour bien comprendre la portée hautement initiatique de ce message, il faut d'abord savoir que le souffle est le support qui permet de transmettre l'esprit. Fort éloquente à ce propos est la manière par laquelle le Christ transmit à ses disciples le sacerdoce réconciliateur: « Il souffla sur eux et leur dit: " Recevez le Saint-Esprit, ceux à qui vous remettrez leurs fautes, elles leur seront remises, ceux à qui vous retiendrez leurs fautes elles leur seront retenues." ».[3] Ainsi, en baisant la terre, le chrétien, c'est-à-dire celui qui se reconnaît comme étant fils de Dieu, insuffle un principe

---

3- Jean XX, 23.

qui participe à la spiritualisation de la planète. Ce souffle est comme un baume de Galaad qui pourra être ressenti par tous les malheureux (les pécheurs) de la terre par le biais du vaste réseau de courants telluriques qui parcourent la planète. C'est là la mission des initiés: transmettre le souffle réconciliateur permettant l'éveil des dimensions spirituelles de la terre. Or, c'est à cette oeuvre que Bernadette fut initiée.

La neuvième apparition eut lieu le 25 février. Bernadette rapporte: « Un jour, elle me dit d'aller boire à la fontaine. Ne la voyant pas, j'allai boire au Gave. Elle me dit que ce n'était pas là que je devais aller. Et du doigt, elle me montra la fontaine. Je m'y rendis, mais n'y trouvai qu'un peu d'eau vaseuse. J'y plongeai la main, mais ne réussis pas à en prendre. Ce n'est qu'après avoir creusé un peu que j'y parvins. Je la rejetai trois fois, car elle était sale. Au quatrième essai, je pus la boire. Elle me fit également manger une herbe qui se trouvait près de la fontaine puis la vision disparut et je m'en allai. ».

Le jaillissement de cette source est à la fois un événement extraordinaire et une description symbolique du travail de purification amorcé antérieurement. En effet, nous savons que la source miraculeuse de Lourdes est, en elle-même, vectrice de forces de guérison en raison des spécificités cosmo-telluriques de l'endroit. Mais, sur un plan symbolique, si Bernadette creusa de ses mains la terre pour découvrir la source, cela signifie que l'aspirant doit pénétrer au coeur même de sa personnalité et purifier sa nature émotionnelle et psychique. En effet, l'eau a toujours symbolisé le monde émotionnel.

C'est pourquoi les anciens initiateurs (Pythagore par exemple) amenaient leurs disciples, lorsque ceux-ci étaient disposés à l'initiation, près d'un lac. Ainsi, les disciples devaient apprendre à agir sur leur dimension émotionnelle de manière à ce que celle-ci devienne aussi calme que la surface d'un lac, devenant alors un outil pouvant réfléchir le plus correctement et le plus clairement possible les messages de l'esprit. L'eau boueuse représente donc le plan émotionnel encore impur qui sera purifié en quatre étapes précises: les quatre tentatives de Bernadette correspondant aux quatre initiations mineures.

On peut s'interroger également sur le fait que la Vierge fasse manger de l'herbe à Bernadette. En fait, nous savons que cette herbe était un *chrisosplenium* de la famille des saxifragacées et dénommé communément dorine. La science traditionnelle des druides nous apprend que cette herbe, riche en oligo-éléments, possède également la propriété singulière d'agir sur le corps éthérique en éveillant certaines dispositions psychiques. L'étymologie du nom latin de cette herbe est d'ailleurs fort révélatrice à ce titre. *Chrisosplenium* signifie en effet « rate dorée » (*chrysos* désignant l'or et *splen* désignant la rate). Or, selon la tradition de l'hermétisme chrétien, la rate constitue précisément l'un des centres principaux du corps éthérique. Elle affirme même que lorsqu'un médium abandonne son corps éthérique à certaines entités des mondes supérieurs qui veulent se matérialiser, le corps éthérique se retire généralement du sujet par le côté gauche à travers la rate.

Lors de la dixième apparition qui eut lieu le 27 février, Bernadette connut une longue extase à l'issue de laquelle la Dame lui ordonna: « Allez dire aux prêtres qu'ils bâtissent ici une chapelle. ». Bernadette se rendit chez le curé Peyramale pour lui présenter la requête de la Dame, mais celui-ci la rejeta catégoriquement.

La onzième apparition eut lieu le 28 février. Bernadette pria, baisa la terre et rampa sur les genoux en signe de pénitence. Elle rendit compte aussi à la Vierge des résultats de ses démarches auprès du curé Peyramale. Et la Dame répondit par un sourire. C'est en ce jour aussi qu'un homme, aveugle de l'oeil droit depuis vingt ans, retrouva la vue en appliquant l'eau de la source sur son oeil malade. Il inaugura ainsi la longue liste des guérisons miraculeuses.

Il est à souligner ici que l'eau fut de tout temps reconnue pour sa grande réceptivité aux différentes formes et qualités d'énergie. Ainsi, la science a démontré que l'eau d'orage accélère la croissance des plantes du fait qu'elle se charge de l'énergie dégagée par les éclairs. La chromothérapie enseigne, quant à elle, d'exposer aux rayons du soleil de l'eau contenue dans un récipient en verre dont la couleur sera en rapport avec le traitement désiré. Après plusieurs heures d'exposition, l'eau est suffisamment chargée de la vibration correspondante pour être employée efficacement.

Les traditions religieuses, et notamment la tradition judéo-chrétienne, ont toujours également considéré l'eau comme une substance très réceptive. Ainsi, selon les Pères de l'Eglise, « c'est en vertu du baptême dans le Jourdain que Jésus-Christ a sanctifié toutes les eaux de la Terre ». Et ces eaux de la Terre virent alors, par cette ablution sacrée, leur taux vibratoire considérablement augmenté. L'eau devint depuis lors un véhicule des énergies christiques, lesquelles, ordinairement à l'état latent dans cet élément, sont dynamisées par l'invocation de la Sainte Trinité.

Plus encore, certains auteurs ont pu mesurer, grâce à la radiesthésie et à certains appareils de mesure s'y rapportant (biomètre, dosimètre, vitalimètre), la « radioactivité » des eaux de Lourdes. Celle-ci fut évaluée à plus de 15600 unités, indiquant ainsi que les eaux de Lourdes sont déjà fortement dynamisées naturellement. Aussi n'est-il guère étonnant que cette eau de Lourdes bénie en outre par la Vierge Marie révélât une merveilleuse vertu curative qui lui fit accomplir bien des guérisons miraculeuses.

A propos du mécanisme proprement dit de ces guérisons miraculeuses, bien des hypothèses ont été émises; nous retiendrons toutefois celle des hermétistes chrétiens qui déclarent que la guérison résulte d'une syntonie entre le taux vibratoire des eaux de Lourdes et celui du psychisme du malade. Il suffirait ainsi que ce dernier élève sa conscience sur le plan vibratoire jusqu'à entrer en syntonie avec la longueur d'onde des eaux pour bénéficier pleinement des énergies curatives de ces dernières et obtenir ainsi la guérison. Et, rajoutent-ils, cette élévation du taux vibratoire du psychisme du malade résulte notamment de la ferveur de la foi, fortement stimulée dans le sanctuaire de Lourdes par les processions, les chants et autres cérémonies religieuses.

Remarquons enfin que la première guérison fut celle d'un borgne aveugle de l'oeil droit. Nous pourrions discourir longtemps sur la portée ésotérique de cette guérison lorsque l'on sait que le côté droit a toujours symbolisé, selon la tradition de l'hermétisme chrétien, la dimension spirituelle de la nature humaine (le côté gauche représentant, quant à lui, la dimension corporelle).

La douzième apparition eut lieu le 1er mars. Ici encore, comme à son habitude, la jeune fille but de l'eau de source et accomplit les gestes habituels de pénitence.

Lors de la treizième apparition, le mardi 2 mars, la Vierge réitéra son message à Bernadette: « Allez dire aux prêtres qu'ils bâtissent une chapelle. Et qu'on y vienne en procession. ». Bernadette retourna alors rencontrer le curé Peyramale pour lui présenter à nouveau la requête de la Dame. Mais celui-ci, agacé, lui répondit: « Dis à celle qui t'a envoyée que, si elle veut que j'ajoute foi en tes paroles, elle fasse fleurir l'églantier; si la sainte Vierge avait voulu une procession, ce n'est pas à moi qu'elle t'aurait adressée, mais à Mgr l'évêque. ». Bernadette, découragée, n'insista pas... Elle revint pourtant le soir rencontrer à nouveau le curé qui, lassé, lui déclara: « Demande à la Dame encore une fois comment elle s'appelle et quand nous saurons son nom, nous lui bâtirons une chapelle; et elle ne sera pas toute petite, elle sera toute grande. ».

Le 3 mars, jour de la quatorzième apparition, Bernadette rapporta le message du curé Peyramale à la Vierge. Encore une fois, la Dame sourit. Et l'églantier ne fleurit pas. Il est important de bien insister sur le fait que la Dame n'accorda pas la réalisation du miracle demandé par les prêtres. En effet, sa mission n'était pas de convaincre en produisant un phénomène spectaculaire mais d'éveiller, par son rayonnement spirituel, la force d'amour, à l'origine de toute véritable guérison.

La quinzième apparition eut lieu le 4 mars. Pour la foule qui attendait, cela devait être le jour du miracle car il constituait le terme des quinze jours d'apparitions. Pourtant ce fut une rencontre normale. Au troisième *Ave Maria* de la deuxième dizaine du rosaire, l'extase commença: les sourires, la joie et la tristesse se lurent alternativement sur le visage de Bernadette pendant cinquante minutes.

L'après-midi, Bernadette alla revoir le curé Peyramale pour lui dire que la Dame ne lui avait pas dit son nom mais qu'elle insistait toujours pour que la chapelle soit construite. Le curé lui répondit: « Si la Dame veut la chapelle, elle doit dire son nom et procurer également l'argent pour la construction. ».

Le jeudi 25 mars, fête de l'Annonciation de Marie, Bernadette se rendit à la grotte et assista à la seizième apparition de la Vierge. « Les quinze jours passés, rapporte la jeune fille, je lui redemandai par trois fois qui elle était. Mais elle souriait toujours. Je me hasardai à lui reposer la question. Et cette fois, elle leva les yeux au ciel, joignant en signe de prière ses mains qui étaient tendues et ouvertes vers la terre et me dit: " Je suis l'Immaculée Conception." Ce sont les dernières paroles qu'elle m'a adressées. Ses yeux étaient bleus. Au cours des quinze jours, elle m'a confié trois secrets que je ne devais révéler à personne. Jusqu'à ce jour, j'ai tenu ma promesse.

Je suis alors retournée chez le curé Peyramale lui raconter que la Dame m'avait dit être l'Immaculée Conception. Il me demande si j'en étais sûre. Je lui réponds que oui et ajoutai que, pour ne pas oublier la phrase, je l'avais répétée tout au long de la route. ».

Bernadette revit encore la Dame le mercredi de Pâques 7 avril. Pendant l'extase, elle tenait dans la main droite un gros cierge allumé, et à un certain moment, tous virent avec stupeur et épouvante la flamme du cierge s'enrouler autour de sa main gauche sans la brûler. Ce phénomène est à rapprocher de bien des cas relatés dans l'Eglise et notamment de celui de saint Polycarpe, évêque de Smyrne, condamné à être brûlé vif. Les soldats romains terminèrent finalement l'exécution en le transperçant de leur glaive, car les flammes formaient un arc au-dessus de la tête du martyr. Ici aussi, la flamme semble s'enrouler autour de la main de Bernadette sans la toucher. En fait, il s'agit là d'un phénomène psychique associé à la transformation du double éthérique qui s'opère lors du travail alchimique.

C'est enfin le 16 avril que la Vierge fit ses adieux à Bernadette et celle-ci déclara: « Jamais je ne l'ai vue aussi belle. ».

Tous les éléments de ces apparitions indiquent bien évidemment le haut niveau d'évolution spirituelle qui fut atteint par Bernadette sous la tutelle bienveillante de la Vierge. Lorsqu'on exhuma son corps en 1933, il fut retrouvé dans un état de conservation parfaite. Elle avait l'apparence de quelqu'un qui repose dans un sommeil paisible. C'est ce que la scolastique médiévale associe au don d'intégrité.

Bien que le phénomène des apparitions mariales demeure un événement exceptionnel réservé à de rares élus, il est cependant possible de bénéficier des puissantes forces spirituelles associées à ces manifestations de la Vierge. Nous avons vu qu'elle laisse généralement un message et des outils particuliers à cet effet. Ajoutons en terminant qu'il existe en outre un puissant archétype dont Marie fut la plus parfaite incarnation. En effet, telle qu'elle nous apparaît dans l'imagerie chrétienne (qu'elle soit d'orient ou d'occident), Marie est la plus sublime expression d'un puissant archétype, celui de la madone et de l'enfant. A ce propos, j'ai déjà eu l'occasion de parler de l'utilisation des grands archétypes. Ces archétypes, avais-je dit, sont des images de pouvoir qui, lorsqu'on s'y identifie et qu'on les fait vivre en soi, permettent de s'harmoniser aux réalités supérieures et de développer intérieurement des forces analogues.

Or, l'archétype de la madone et de l'enfant existait déjà bien avant la venue de Marie sur terre. Lorsque nous remontons dans l'histoire jusqu'aux époques les plus reculées, il apparaît que les aspirants aux mystères méditaient dans les temples initiatiques sur l'image de la madone et de l'enfant. En Egypte antique, nous retrouvons cet archétype sous les traits de la déesse Isis qui enfanta Horus lors du solstice d'hiver. De même en Grèce, toujours au moment du solstice d'hiver, les néophytes sortaient d'une grotte souterraine en chantant: « A cette heure aujourd'hui Kore (la vierge) a donné naissance à Eon (le nouvel ordre du monde). ». Les légendes rapportent enfin que Ramakrishna, ce grand sage des Indes, reçut l'illumination spirituelle en se visualisant dans les bras de la mère divine.

C'est cependant Marie de Bethléem qui incarna avec la plus grande perfection cet archétype de l'éternel féminin sur lequel repose toute l'oeuvre alchimique. Saint Irénée disait: « Dieu s'est fait homme pour que l'homme se fasse Dieu. ». Je crois qu'on pourrait reprendre cette affirmation et la paraphraser au sujet de Marie. Marie s'est incarnée charnellement sur le plan matériel afin que nous puissions nous identifier et nous unir ainsi à cette réalité archétypale de la madone et de l'enfant. Toute la spiritualité propre à notre occident chrétien a toujours été profondément consciente de cette vérité. Il suffit pour s'en convaincre d'étudier les ordres de chevalerie.

Nous avons donné, il y a quelques jours, une conférence sur l'Ordre du Temple et il est clairement apparu que chez les Templiers (comme dans la plupart des ordres de chevalerie) la démarche initiatique n'avait de sens qu'en référence au désir de se consacrer à Notre-Dame. Pensons ici au roman fameux de Cervantès où Don Quichotte multiplie les actes héroïques en vue de se rendre digne de sa dulcinée du Toboso. Par la discipline et l'ascèse, tout chevalier cherche à se rendre digne de Notre-Dame, c'est-à-dire à incarner ce qu'elle représente.

Aussi, nous conseillons à tous ceux qui souhaitent se sensibiliser intérieurement à l'archétype marial, de faire des méditations et des visualisations sur l'image de la madone. En effet, une démarche intellectuelle s'attachant à étudier par exemple les éléments principaux de la vie de Marie est nettement insuffisante et ne permet guère l'ouverture de la conscience à l'archétype marial. Ce qui importe, c'est de réaliser une véritable intégration de cet archétype par la voie du coeur afin d'éveiller et de développer en soi une dimension nouvelle, celle de l'amour, alchimisant ainsi peu à peu l'ensemble de la personnalité. Et ceci ne peut se faire, répétons-le, que par des visualisations intérieures sur les images consacrées de la madone.

Pour réaliser adéquatement cet exercice, il importe de savoir que des artistes peintres ont réalisé des représentations si exceptionnelles de la madone et de l'enfant qu'elles peuvent servir de support de méditation et de visualisation. Je pense par exemple aux oeuvres de Fra Angelico. Fra Angelico était un artiste peintre hors du commun et les personnes qui l'ont connu, ont toujours affirmé qu'il vivait à moitié dans le monde d'en haut et à moitié dans le monde d'en bas. Son atelier était à l'époque un véritable oratoire et ceux qui ont eu le privilège d'y pénétrer ont senti leur conscience s'altérer et se transformer. Certains affirmèrent même que les anges venaient poser pour lui. Et c'est dans ce contexte extrêmement particulier que Fra Angelico reçut l'inspiration céleste lui permettant de reproduire l'archétype de la madone et de l'enfant.

Une autre représentation très connue et également très utilisée dans la tradition initiatique est celle de la madone Sixtine de Raphaël. Les effets de ce tableau sont en eux-mêmes remarquables. En effet, on a constaté que de nombreuses personnes, en contemplant simplement le tableau dans un état méditatif ou de prière, ont reçu des révélations prophétiques ou ont été guéries des maladies qui les affectaient. En fait, ces miracles s'expliquent dans la mesure où ici encore, la représentation de Raphaël est si conforme à l'archétype qu'incarne Marie, que cette image est en accord vibratoire avec lui.

Toutefois pour effectuer correctement l'exercice de visualisation proposé, il est important d'éveiller en soi une grande force de sentiments et d'associer à l'image de la madone une expérience kénestésique, c'est-à-dire essentiellement basée sur le ressenti. En d'autres termes, en visualisant l'image de la madone et de l'enfant, il est nécessaire de s'identifier à l'enfant afin de se sentir porté dans les bras de la mère, recevant ainsi son amour maternel. C'est là une voie initiatique exceptionnelle et s'il ne vous restait, à la suite de cet exposé, qu'une prise de conscience du pouvoir extraordinaire de cette méditation, vous auriez déjà fait un très grand pas sur le sentier de la réalisation intérieure.

Pour conclure cette conférence, rappelons que le Christ ne s'incarnera en nous que si nous vivons, en communion avec Marie, la maternité du Christ. Actuellement, nous en sommes aux premières contractions annonçant l'imminence de l'accouchement. Certes, ces contractions sont douloureuses. Il suffit pour s'en convaincre de constater le nombre croissant de personnes complètement déséquilibrées qui peuplent nos sociétés occidentales. Aussi, il importe plus que jamais de bien saisir comment cet enseignement que nous propose la Vierge peut aujourd'hui faire toute la différence entre une destinée conduisant à notre propre perte, et une autre, conduisant à notre réalisation spirituelle.

C'est pourquoi j'ai ce soir tant insisté sur le fait que notre époque ne saurait être autre chose qu'une époque ontologiquement mariale. La vénérable Maria d'Agreda (1602-1665) reçut pour sa part cette révélation: « En ces temps modernes, le Seigneur désira exalter et répandre la gloire de sa très Sainte Mère et rendre manifestes au monde des mystères et des merveilles cachés que la divine Providence réservait pour les temps de grande nécessité, de façon à ce que nous puissions tous nous prémunir de son aide, de sa protection et de sa puissante intercession. ». Puissions-nous méditer sur le sens à donner à ces quelques mots.

La Madone Sixtine
de Raphaël

TROISIEME CONFERENCE
L'INITIATION MARIALE

Extrait d'une conférence donnée le 22 janvier 1992 à l'amphithéâtre Bachelard de la Sorbonne dans le cadre d'un cycle d'exposés portant sur l'hermétisme chrétien. Nous avons expressément conservé le style oral et la forme improvisée du discours.

L'INITIATION MARIALE

✣ ✣ ✣

Je suis heureux de me retrouver parmi vous ce soir, dans le contexte bien particulier de l'amphithéâtre Bachelard, pour aborder avec vous un domaine primordial de l'hermétisme chrétien, celui de l'initiation mariale. En effet, il existe au sein de notre tradition hermétique un enseignement bien spécifique concernant la mission initiatique de Marie. Nous avons vu, dans le cadre d'un cycle de conférences portant sur le rôle particulier de la femme dans le processus de l'évolution, quelques aspects de la vie de Marie et de sa mission particulière en tant qu'avatar. Ce soir, nous poursuivons notre étude en précisant l'itinéraire initiatique tel que la tradition mariale nous le propose. Nous verrons qu'il s'agit essentiellement d'une démarche initiatique fondée sur la transmutation alchimique de l'égo, la naissance et la croissance progressive du Christ intérieur.

Dans un premier temps, nous tenterons donc de définir ce qu'il faut entendre par initiation mariale. Nous verrons qu'elle consiste essentiellement à transformer l'aspirant en un véritable chevalier consacré à Notre-Dame et à la garde de terre sainte. Dans un second temps, nous exposerons une méthode d'entraînement traditionnelle enseignée par l'Eglise et admirablement synthétisée dans la pratique et la récitation du rosaire, l'outil initiatique le plus efficace qui soit pour alchimiser notre personnalité et atteindre une authentique réalisation spirituelle par l'éveil du Christ intérieur.

Aussi, nous apprendrons la manière de réciter, de visualiser et de méditer correctement les quinze mystères associés au rosaire. Nous découvrirons ainsi l'extraordinaire puissance symbolique du rosaire et des quinze mystères qui en constituent l'infrastructure opérative. Avec ces quelques éléments, nous disposerons déjà d'un outil exceptionnel pouvant nous conduire à la réalisation intérieure et au plein épanouissement de notre potentiel spirituel qui, présent en nous sous une forme germinative depuis le moment de notre conception, pourra s'éveiller et commencer à s'exprimer.

Si nous devions donner une brève définition de l'initiation mariale, nous dirions qu'il s'agit d'un entraînement ésotérique dont le but essentiel est de permettre à l'aspirant d'alchimiser progressivement sa personnalité, pour ainsi accéder à l'état de chevalier, dans le sens noble et élevé du terme. Nous avons souvent eu l'occasion de présenter des conférences sur le sujet de la chevalerie et il est évident que notre manière d'aborder la tradition chevaleresque est principalement axée sur les aspects ésotérique et symbolique. Nous vivons aujourd'hui à une époque qui est fort différente de celle des croisades, et la discipline chevaleresque doit nécessairement être considérée dans une perspective nouvelle.

Lors d'un récent voyage en Israël, j'ai eu la chance exceptionnelle de visiter d'anciennes commanderies templières qui avaient été construites afin d'assurer la protection des pèlerins et de garder les lieux saints contre toute tentative de profanation de la part des païens. Aujourd'hui, ces imposantes structures de pierres ne sont plus que des sites privilégiés pour les milliers de touristes déambulant dans ces étroits couloirs. Animés pour les besoins de la cause d'une singulière nostalgie des temps héroïques, les visiteurs ne semblent guère conscients de ce que furent les enjeux d'autrefois.

Or, bien que cet état de choses puisse être navrant, c'est également un signe évident que l'heure n'est plus aux pèlerinages vers la Jérusalem terrestre, comme elle n'est plus à la construction des grandes et majestueuses cathédrales de pierres. En effet, il ne reste plus de ces édifices magiques que des pierres mortes et des gargouilles, témoins d'une quête alchimique depuis longtemps oubliée. L'âme de Notre-Dame n'est plus en ces lieux au passé pourtant si prestigieux.

Aujourd'hui, l'homme doit apprendre à construire le temple intérieur, ce tabernacle de chair auquel saint Paul fit allusion. Pour y arriver, il doit cependant purifier sa personnalité et la préserver de toute souillure afin qu'elle devienne ainsi un authentique sanctuaire pour la divinité. C'est là le sens réel de l'oeuvre chevaleresque qui consiste à garder terre sainte. En d'autres termes, l'aspirant doit faire de son corps (sa personnalité) une cathédrale dédiée à Notre-Dame, et le considérer comme une terre sacrée à défendre contre toute incursion ennemie et toute profanation.

Dans la tradition de l'hermétisme chrétien, Marie de Bethléem, qui en raison de sa grande pureté a été choisie pour porter en elle le Christ, symbolise cette terre sainte que tout chevalier s'engage à garder. C'est pourquoi la discipline chevaleresque est entièrement dédiée à honorer Notre-Dame et à rendre le chevalier digne de paraître en sa présence. Par son exemple, Marie de Bethléem nous enseigne la manière de purifier notre personnalité sur la croix de la matière et ainsi d'extraire du plan corporel un cinquième élément (la quintessence): le Christ intérieur. C'est alors grâce à cette force christique que peut être transmuté l'ensemble de notre être et qu'un certain épanouissement spirituel peut être atteint.

Ainsi, l'idéal de tout chevalier n'est plus aujourd'hui de défendre des lieux physiques ou matériels qui ne sont que la dimension extérieure des véritables lieux saints. L'oeuvre consiste maintenant à entreprendre, sous les auspices de Marie, un travail de purification de la personnalité devenue sacrée. A ce titre, la récitation du chapelet ou du rosaire constitue l'outil initiatique le plus efficace pour mener à bien une telle oeuvre de l'esprit. C'est pourquoi nous allons maintenant mettre en relief l'extraordinaire puissance alchimique du rosaire agissant sur la personnalité humaine. La durée de cet exposé étant limitée, nous chercherons avant tout à vous sensibiliser à cette dimension de l'ésotérisme marial afin de vous encourager à poursuivre une réflexion et à entreprendre un travail précis.

Mais avant de nous pencher sur les étapes initiatiques représentées par les quinze mystères, nous allons d'abord étudier le chapelet et les aspects plus techniques de l'exercice du rosaire. Quelles furent donc les origines de la récitation du chapelet ? Précisons d'abord que la coutume de réciter de manière répétitive une même prière remonte à des temps fort lointains. En effet, nous constatons déjà, dès les premiers siècles de l'ère chrétienne, la coutume de répéter un certain nombre de fois l'oraison dominicale comme un moyen simple et efficace de se conformer au précepte des apôtres, recommandant de prier sans cesse. Les anciennes coutumes de Cluny compilées vers 1085 par Uldaric, révèlent que les religieux non prêtres devaient réciter cinquante psaumes ou cinquante *Pater* à l'intention de tout confrère dont ils apprenaient le décès.

Toutefois, ce fut au douzième siècle que l'usage de la salutation angélique se répandit. Il semble que l'on accompagnait alors chaque *Ave* d'une génuflexion, à l'instar de l'Ange du Seigneur représenté sur les images traditionnelles de l'Annonciation. On rapporte également que le roi saint Louis, chaque soir, fléchissait cinquante fois le genou en récitant lentement cinquante *Ave*. Un manuscrit de l'*Ancren Riwle* (antérieur à l'an 1200), une règle anglaise pour anachorètes, indique enfin une manière de réciter cinquante

Ave, dix par dix, avec intercalation des versets de saint Luc (I, 35 et 37) après chaque dizaine, et des changements dans la position du corps.

Il fallut cependant attendre saint Dominique (fondateur de l'Ordre des Frères Prêcheurs) pour voir apparaître le rosaire sous sa forme actuelle. A ce propos, la tradition nous précise que saint Dominique fut envoyé dans le midi de la France par le pape Innocent III, pour lutter contre l'hérésie albigeoise qui s'y répandait alors. Dans la ferveur d'une de ses oraisons, Marie lui serait apparue et lui aurait inspiré de répandre dans toute la chétienté la pratique du rosaire, soit la récitation de cent cinquante *Ave*, distribués en quinze dizaines, précédées chacune d'un *Pater* et toutes terminées par un *Gloria Patri*.

Historiquement, ce fut donc à Toulouse que saint Dominique institua le rosaire dont le nom fait allusion à la couronne de roses qu'on portait autrefois sur la tête lors de certaines processions en l'honneur de Marie. Réciter ces prières à la Vierge équivalait alors par comparaison avec un usage courtois du moyen âge, à lui tresser une couronne, ou un chapeau (chapel) de roses. D'où les noms de couronne (en Italie), de chapelet, de rosaire, qui sont à peu près synonymes.

En outre, la rose fut toujours le symbole par excellence de la Vierge Marie. La liturgie catholique romaine ne compare-t-elle pas Marie à une rose plantée au bord des eaux, *quasi rosa plantata super rivos aquarum* (capitule de vêpres du 7 octobre); quant aux litanies de la Vierge, elles l'invoquent sous le nom de *rosa mystica*. Plus encore, d'un point de vue purement symbolique, il est remarquable de constater que la rose sauvage, la fleur de l'églantier, comporte cinq pétales. Or, le nombre 5, comme nous le verrons ultérieurement, est profondément rattaché aux réalités mariales.

Le succès de la prédication du rosaire menée par saint Dominique auprès des fidèles catholiques fut si rapide qu'il surpassa toutes les espérances et étonna même le clergé de Rome. Ce n'est toutefois qu'au quinzième siècle que la pratique du rosaire fut enrichie d'une méditation portant sur quinze événements majeurs ayant marqué la vie du Christ et celle de Marie. Ces événements ou mystères furent regroupés en trois catégories distinctes: cinq mystères joyeux, cinq mystères douloureux et cinq mystères glorieux.

Sachant que le rosaire comporte quinze dizaines, un mystère fut associé à chacune d'entre elles. Ainsi, lors de la récitation des *Ave*, l'aspirant fut invité à méditer sur chacun des mystères en modifiant le thème de méditation pour chaque dizaine. Pratiquée de cette manière, la récitation du rosaire devint dès lors un outil profondément initiatique permettant d'accéder à des réalités supérieures de l'esprit par le puissant pouvoir des images ainsi évoquées.

Notons cependant qu'en raison du temps nécessaire pour un tel exercice, les mystères furent associés à certains jours de la semaine permettant ainsi de ne réciter qu'un chapelet (cinq dizaines) par jour. L'association fut la suivante: lundi et jeudi (les mystères joyeux); mardi et vendredi (les mystères douloureux); mercredi, samedi et dimanche (les mystères glorieux). Or, chaque jour choisi correspond effectivement à la tonalité particulière du mystère qui lui est associé.

Avant d'aborder plus exhaustivement la signification mystique et ésotérique de chacun de ces quinze mystères, il nous semble encore utile de méditer sur la forme et la structure même du chapelet. En effet, le chapelet comme outil servant à compter les *Pater* et les *Ave* est déjà en lui-même profondément initiatique du point de vue symbolique et hermétique. En observant sa composition matérielle, nous constatons qu'il est

Diagramme du chapelet

formé d'un cercle et d'une ligne droite. Cette particularité révèle déjà, du point de vue traditionnel, de profonds mystères. En effet, la ligne droite est le symbole universel du pôle positif de l'énergie créatrice (l'aspect masculin) alors que le cercle est, quant à lui, le symbole privilégié du pôle négatif (l'aspect féminin) de cette même énergie créatrice. Aussi, à un premier stade de réflexion, le chapelet nous apparaît déjà comme un objet symbolique dont le caractère magique est particulièrement évident.

En approfondissant notre observation, nous remarquons, en outre, que l'extrémité du chapelet se termine par une croix. Sur le plan symbolique, cette croix fait certes référence à la crucifixion du Christ mais elle est également le symbole de sa résurrection. D'un point de vue plus métaphysique, cette crucifixion devient purement symbolique. C'est la mystérieuse réconciliation du plan spirituel (symbolisé par l'axe vertical de la croix) et du plan corporel (symbolisé par l'axe horizontal de la croix), c'est le mariage mystique des traditions anciennes. Notons en outre que la tradition de l'hermétisme chrétien attribue à la croix une valeur opérative, celle d'exorciser et d'ouvrir la conscience aux réalités supérieures. En effet, la croix dégage par elle-même, en raison de sa forme particulière, des ondes de forme purificatrices et des énergies subtiles qui contribuent dans une large mesure à l'ouverture de la conscience. Par son symbolisme, elle permet également de participer aux grands mystères de la vie chrétienne.

Soulignons également que l'Eglise fut toujours parfaitement consciente de la dimension opérative de la croix. C'est en ce sens qu'elle enseigna, à la suite des apôtres, la nécessité que le signe de la croix soit tracé sur le front de l'impétrant au cours des rites baptismaux, ainsi qu'à l'intérieur de plusieurs autres rites sacrés. En effet, ce signe était considéré comme ayant la vertu de défendre le baptisé contre le démon. Déjà, au deuxième siècle, saint Justin écrit: « Le démon obéit à qui le chasse en prononçant le saint nom de Jésus, et en traçant le signe de croix. ». La croix du chapelet rappelle enfin la nécessité de débuter l'exercice en se signant de manière à ouvrir l'aura aux forces supérieures qui seront évoquées par la suite.

Poursuivant notre analyse symbolique, nous remarquons que l'axe vertical surmonté de la croix, est composé de cinq grains séparés distinctement des autres servant à marquer les dizaines. Ces cinq premiers grains du chapelet sont évidemment associés à la symbolique du nombre 5 qui, sur un plan numérologique, correspond à l'antique quintessence des alchimistes. En effet, le nombre 5 est celui de la spiritualisation de la matière par le Verbe. Il représente l'homme réalisé qui, à l'image du Christ ressuscité du tombeau de la matière, accomplit la transmutation des quatre éléments et en extrait une substance glorieuse incorruptible. C'est également le nombre de l'esprit qui, incarné dans la matière, le nombre 4 (la croix du monde), cherche à l'élever. Le nombre 5 est donc ici un symbole dominant du chapelet et représente en quelque sorte l'essence même de l'oeuvre ainsi représentée.

Si nous voulons encore approfondir ce premier symbole numérique associé à l'axe vertical, nous constaterons que parmi ces cinq grains, trois grains sont regroupés de manière particulière, formant un triplet enchassé entre deux grains solitaires disposés de part et d'autre du triplet. Les deux grains solitaires symbolisent la dualité, l'élément binaire structurant notre monde d'en bas. Les trois grains symbolisent, quant à eux, la trinité: le Père, le Fils et le Saint-Esprit, la dimension spirituelle de l'univers. En d'autres termes, la répartition de ces grains signifie que le binaire (le plan corporel) contient en lui-même le mystère de la trinité (le plan spirituel). C'est ici l'illustration et la démonstration symbolique que la matière formant notre univers (représentée par la dualité) est habitée par la divinité qui en constitue la dimension intérieure. C'est aussi l'expression du but ultime recherché par la pratique du chapelet: éveiller en soi la divinité latente par la réconciliation de notre dualité personnelle.

Cet axe vertical s'unit à la structure circulaire du chapelet par un élément de transition formé d'une médaille à l'effigie de Marie. Cette union est en quelque sorte une fécondation spirituelle (axe vertical) du monde (cercle des dizaines) à l'image de la pénétration du spermatozoïde rectiligne dans l'ovule circulaire. De même, cette union rappelle éloquemment le rôle sublime de Marie qui intercède auprès du Christ en vue de réconcilier notre monde visible avec le monde invisible. Cette médaille occupe donc une place de choix et représente l'union du ciel et de la terre, du plan vertical et du plan horizontal. Elle est également un symbole privilégié de la quintessence, du feu secret des alchimistes en action dans le travail du grand oeuvre.

Si nous poursuivons notre étude, nous en arrivons au cercle qui forme la structure principale du chapelet et se compose de cinquante grains regroupés en cinq dizaines. Encore une fois, cette disposition n'est pas exclusivement pragmatique puisque nous retrouvons le nombre 5 dont la signification a déjà été expliqué précédemment. Or, il s'agit ici de cinq dizaines et nous découvrons toute une mystique nouvelle, celle du nombre 10. D'un point de vue traditionnel, ce nombre représente les dix séphiroth de l'arbre de vie de la kabbale. Egalement dénommées nombres-dieu, elles sont les dix énergies fondamentales qui structurent notre univers. Le nombre 10, est-il nécessaire de le préciser, est un symbole du plan de l'incarnation, du plan matériel.

Mais le nombre 10 est également associé aux dix hiérarchies: les neuf choeurs angéliques de la tradition chrétienne et une dixième hiérarchie correspondant à notre humanité. Or, nous venons de le préciser, les neuf premières hiérarchies sont formées des choeurs angéliques dont la fonction est précisément de déverser sur l'humanité le feu du ciel, ce feu au sujet duquel le Christ déclara: « Je suis venu apporter un feu et comme j'aimerais qu'il soit allumé. ». La récitation des *Ave* prend donc ici la forme d'une véritable invocation des hiérarchies angéliques. A ce propos, la tradition initiatique de l'hermétisme chrétien recommande de réciter le rosaire en égrenant le premier chapelet dans le sens inverse des aiguilles d'une montre, le second dans le sens horaire, et enfin le troisième à nouveau dans le sens anti-horaire. Ainsi, le 10 (le monde) est sublimé par le 5 (la quintessence) dans une oeuvre de participation aux réalités du ciel.

A la lumière de ce que nous venons d'affirmer, nous constatons déjà que le chapelet est, au niveau symbolique, un support exceptionnel et nous concevons aisément qu'il soit un véritable pentacle renfermant les plus grands mystères ésotériques du christianisme. Remarquons encore du point de vue essentiellement numérique que la récitation du chapelet suppose la répétition de cinquante-trois *Ave* (les trois *Ave* de l'axe vertical et ceux des cinq dizaines). Si nous appliquons à ce nombre une méthode de calcul usuelle dans le domaine de la numérologie, le procédé de la réduction théosophique, nous obtenons le nombre 8 (5 + 3). Or, le nombre 8 est traditionnellement considéré comme le nombre du salut, le nombre de la rédemption et de la réalisation de soi. Ajoutons en outre que ce

8, extrait du 53, est issu de l'union du 5 et du 3, c'est-à-dire qu'il s'agit ici d'un passage vers la divinité (le 3) en passant par le feu secret (le 5).

Si nous calculons maintenant le nombre d'*Ave* dans la récitation du rosaire, nous obtenons le nombre 153 (les trois *Ave* associés à l'axe vertical ajoutés aux cent cinquante *Ave* des quinze dizaines). Or, au verset deux du chapitre vingt et un de l'Evangile selon saint Jean, nous pouvons lire: « Simon Pierre monta dans la barque et tira à terre le filet plein de cent cinquante-trois grands poissons. ». Si nous appliquons à ce nombre la méthode de réduction théosophique présentée précédemment, nous obtenons le nombre 9 (1 + 5 + 3), le nombre d'Adam, c'est-à-dire le nombre symbolisant l'humanité toute entière, mais ayant ici atteint sa pleine réalisation spirituelle (153), le moi (le 1) purifié par le feu intérieur (le 5) devenant spirituel (le 3).

Par ailleurs, les quinze dizaines d'*Ave* correspondent aussi aux cent cinquante psaumes de David, autant d'étapes caractéristiques dans l'oeuvre alchimique de la transmutation de la nature humaine. Longtemps d'ailleurs, le rosaire fut appelé le psautier des laïques. En effet, les laïques le récitaient à l'image de la pratique cléricale qui consistait à réciter les cent cinquante psaumes du psautier.

Il apparaît donc que la structure même du chapelet est à tout point de vue hautement symbolique. Cet objet sacré révèle déjà, par la simple disposition des grains qui le composent, de profonds mystères alchimiques. Nous pourrions encore présenter de nombreux aspects symboliques complémentaires, mais le temps nous manque. Signalons simplement en terminant que, par leur forme sphérique, les grains rappellent symboliquement l'énergie mariale, c'est-à-dire féminine, à l'oeuvre dans la récitation du chapelet. Toutefois, la portée initiatique du rosaire ne saurait, répétons-le, se limiter à ces quelques considérations.

Il est également intéressant de noter que le chapelet constitue aussi un véritable talisman dans la mesure où il est puissamment chargé par la récitation répétitive des prières qui lui sont associées. En effet, lorsqu'une personne récite son chapelet en l'égrenant entre ses doigts, elle l'imprègne alors de son magnétisme de telle sorte que cet objet se charge très rapidement des hautes énergies de dévotion. Chargé de la sorte, il irradie et rayonne par la suite une force puissante. Je me souviens avoir découvert un chapelet ancien dont le rayonnement énergétique était fascinant. En le prenant alors entre nos mains, nous étions irrésistiblement prédisposés à vivre une expérience dévotionnelle.

Cette expérience dévotionnelle est fort bien illustrée dans les propos de saint François-Xavier sur la manière de réciter le chapelet: « Vous prendrez votre chapelet par la croix, que vous baiserez, vous ferez le signe de croix, le tenant à la main; et vous vous mettrez en présence de Dieu, disant le Credo. Sur le premier gros grain, vous invoquerez Dieu, le priant d'agréer vos prières et de vous assister de sa grâce pour bien faire cette action. Sur les trois premiers grains vous demanderez à la sainte Vierge son intercession, la saluant au premier comme la plus chère fille de Dieu le Père; au second, comme Mère de Dieu le Fils; au troisième, comme épouse bien-aimée de Dieu le Saint Esprit. Sur chaque dizaine vous penserez au mystère correspondant en prononçant les très saints noms de Jésus et de Marie. ».

Ainsi donc, le chapelet devient un véritable talisman dans la mesure où il est chargé par la dévotion de celui qui l'utilise. Sachant cela, il est important de bien choisir le chapelet en fonction du matériau avec lequel il est fabriqué. Les chapelets en matière plastique sont bien évidemment à éviter puisque le plastique est en quelque sorte imperméable aux énergies magnétiques. Nous recommandons, quant à nous, le cristal de roche monté sur argent. En effet, le cristal de roche est une substance qui se magnétise de manière exceptionnelle, amplifiant en outre l'énergie reçue. L'argent, quant à lui, est un métal lunaire et il est, en ce sens, vecteur des forces féminines associées au culte marial et à l'oeuvre de transmutation qu'il suppose.

Toutefois, pour bénéficier au maximum des effets produits par la récitation du chapelet, il importe de savoir le réciter convenablement. Au cours des dernières années, la pratique du chapelet est tombé en désuétude. La principale critique porta sur le caractère mécanique et répétitif de cette prière. Or, il est évident que la répétition mécanique de cent cinquante-trois *Ave* entraîne l'établissement d'une certaine lassitude. Ayant oublié le caractère opératif d'une telle pratique, de plus en plus de croyants vinrent à penser qu'il valait mieux réciter la salutation angélique une seule fois avec une profonde dévotion plutôt que de la répéter cent cinquante-trois fois sur un ton monotone sans qu'aucune véritable piété ne soit présente.

Marie n'est pas sourde, pourrions-nous ajouter, et elle est sans doute apte à nous entendre dès la première salutation. De même, si nous percevons la prière comme une union intime et amoureuse avec le Christ ou avec Marie, le chapelet ne correspond pas en effet à ce genre de dévotion. Toutefois, il ne faut pas commettre l'erreur de penser que le chapelet est une pratique vaine ou inadéquate. Bien qu'elle suppose un climat de dévotion, comme le précise saint François-Xavier, la récitation du chapelet n'est pas un élan du coeur, mais bien une récitation mécanique. En d'autres termes, la récitation du chapelet n'est pas faite avec le coeur à la manière d'une déclaration d'amour, mais elle doit s'apparenter plutôt à ce qu'on appelle en orient la récitation d'un mantra.

Je me souviens avoir participé avec un évêque de tradition orthodoxe à la récitation de la prière hésychaste. J'avais alors été saisi par le caractère très mécanique de cet exercice spirituel. Or, la récitation du chapelet est une pratique tout à fait analogue. Le mantra utilisé est cependant extrêmement particulier. En effet, il faut savoir que l'*Ave* possède dans sa forme latine une rythmique qui favorise un important changement d'état de conscience. Même récité en français, le

« Je vous salue Marie » possède une rythmique bien spécifique qui produit également un effet vibratoire particulier au niveau des corps subtils (plans éthérique, astral et mental).

En effet, récité de manière répétitive, l'*Ave* engendre un effet psychique conduisant la conscience à se libérer de l'emprise de la personnalité pour se tourner vers les mondes de l'esprit, les mondes intérieurs. Peu à peu, l'esprit plonge ainsi dans un état de conscience altérée où sa capacité habituelle de raisonner n'intervient plus. Rappelons-nous à ce propos l'exercice bien connu consistant à compter des moutons sautant un à un une clôture, à une même cadence. Cet exercice est réputé pour trouver le sommeil en période d'insomnie. C'est là un effet de la répétition sur l'état de conscience, le mental étant incité à déconnecter et à abdiquer. Aussi, la récitation répétitive et monotone du chapelet, vise à faire taire le mental afin que le silence, s'instaurant à l'intérieur de l'être, la voix de l'intuition, celle de Marie, puisse parvenir jusqu'à nous.

C'est pourquoi sa récitation devait adopter l'allure d'une belle psalmodie, et l'Eglise a donné une technique de récitation extrêmement précise mais trop souvent ignorée. Notons d'abord que le chapelet doit être chanté sur une seule note, comme le prescrit la tradition catholique. Cette note est habituellement soutenue par l'orgue pour en faciliter le maintien. La tradition précise en outre que cette note ne doit pas être choisie arbitrairement. En effet, la tonalité musicale est d'une très grande importance. Les anciens savaient que la vibration est essentielle dans la mesure où elle crée un support pour l'expansion de la conscience. Ainsi, l'Eglise préconisa de réciter le chapelet sur le mi, le fa ou le fa dièse. A la suite d'une longue expérimentation, nous conseillons cependant le fa dièse qui s'avère être la note la plus adéquate pour ce travail. Ces considérations peuvent vous paraître étonnantes mais elles sont pourtant tirées de la tradition catholique romaine et l'hermétisme chrétien les considère comme très importantes.

Sachant ce qui précède, il ne reste plus maintenant qu'à signaler l'importance du rythme. Afin que l'exercice puisse être animé par un rythme adéquat, il convient de soigneusement respecter les médiantes, c'est-à-dire des arrêts au milieu de chaque partie. Ainsi, pour la première partie du « Notre Père », qui s'achève à « comme au ciel », une première pause est observée après « que votre règne arrive » et dans la seconde partie l'arrêt se fait après « à ceux qui nous ont offensés ». Pour la première partie du « Je vous salue Marie », le premier arrêt se fait après le « Seigneur est avec vous » et dans la seconde partie, il se fait après « pauvres pécheurs ». Comme pour une psalmodie, on fera alterner les deux parties, la première étant dite par le côté gauche, la seconde par le côté droit, en inversant pour la dizaine suivante. On pourra aussi varier les attitudes, soit pour tous, selon les mystères évoqués, soit en faisant mettre alternativement à genoux et debout, ou assis et debout, les deux choeurs. A la fin de la dizaine, tous se réunissent dans le chant du « Gloire à Dieu » (air de Lourdes) ou pour sa récitation. Pour ces raisons, il est préférable que le chapelet soit récité à deux, ou par deux choeurs. L'alternance ainsi créée forme une véritable dynamique et génère un phénomène de balancement, également propice à favoriser le développement d'un état de conscience altérée.

Ainsi donc, à la lumière de ce qui précède, il apparaît que la récitation du chapelet est une technique extrêmement précise dont le but premier est de provoquer une altération de la conscience. Il s'agit donc essentiellement d'une mécanique savante provoquant chez celui qui l'applique un véritable changement d'état de conscience. Toutefois et nonobstant ces considérations, la récitation du chapelet n'exclut pas, comme nous l'avons vu, toute dévotion mais constitue bien davantage une technique de travail sur soi. Je vous invite donc à expérimenter cette méthode avec une personne avec laquelle vous partagez un lien privilégié. Après quelques pratiques, vous constaterez que cette récitation répétitive associée au phénomène d'alternance provoquent une véritable projection de la conscience. Vous serez alors en communion plus intime avec la nature intérieure des choses et des êtres. C'est une expérience fantastique. A partir de ce moment, vous pourrez commencer un véritable travail spirituel sur le plan intérieur. La conscience de veille est en effet l'un des principaux obstacles à ce travail. De nombreux auteurs mystiques, saint Thomas d'Aquin et saint Augustin par exemple, ont affirmé cela avec autorité.

Ainsi, saint Thomas d'Aquin écrit dans sa *Somme Théologique*: « cette aliénation des sens n'est pas, dans les prophètes, l'effet d'un désordre de nature, comme dans les possédés et les fous, mais le résultat d'une cause ordonnée: soit naturelle, comme le sommeil; soit spirituelle, comme la véhémence de la contemplation, ainsi le cas de saint Pierre qui, en priant dans la chambre haute, " fut ravi hors de ses sens "; soit divine, selon cette parole d'Ezéchiel: " la main du Seigneur a reposé sur lui." ».[1] Quant à saint Augustin, il déclare: « A moins de mourir en quelque sorte à cette vie, soit en quittant complètement le corps, soit en étant détourné et abstrait des sens corporels, personne ne peut être élevé à cette vision. ».[2]

La récitation du chapelet s'avère en ce sens un outil particulièrement efficace. Une fois cet état de conscience atteint, l'aspirant ressent alors son corps d'une manière tout à fait différente. Souvent, le corps adopte une tendance à se balancer. Ce balancement est tout à fait normal et nous aurons l'occasion d'en expliquer le mécanisme dans une prochaine conférence. L'aspirant constate également qu'il possède alors une acuité psychique et spirituelle beaucoup plus précise. C'est à ce stade que la méditation en rapport avec les mystères associés au rosaire peut débuter. En effet, la récitation du rosaire suppose le mixage de différents thèmes de méditation bien spéci-

1- Saint Thomas d'Aquin, *Somme Théologique*, Question 173, article 3.

2- 12 super Gen. ad litt. (cap. 27).

fiques à la récitation des *Ave*: ce sont les quinze mystères que nous allons maintenant aborder.

Il faut d'abord préciser que ces mystères en rapport avec la vie de Marie et de Jésus sont au nombre de quinze et que ce nombre est extrêmement important du point de vue alchimique. Le nombre 15 représente en effet le feu secret (le 5) éveillé sur les trois plans structurant l'être humain: celui de l'esprit (correspondant aux mystères joyeux), celui de l'âme (correspondant aux mystères douloureux), celui du corps (correspondant aux mystères glorieux). Ce nombre invite l'aspirant à se libérer de l'emprise du monde afin que puisse s'incarner en lui la puissance de Dieu. Rappelons-nous à ce propos que Marie, alors âgée de trois ans, inaugura son itinéraire initiatique en gravissant les quinze marches du temple marquant ainsi sa séparation du monde.

De même, les quinze mystères sont les quinzes étapes successives proposées par la voie chrétienne à celui qui veut atteindre une véritable réalisation spirituelle. Chacune de ces quinze étapes se caractérise par des expériences et des sentiments qui lui sont bien spécifiques. Aussi, l'aspirant s'efforcera de susciter en lui-même les sentiments propres à chaque mystère du rosaire et à les graver profondément sur sa conscience. Ce sont ces sentiments qui seront la base sur laquelle s'élaborera toute sa vie intérieure. De même, l'aspirant cherchera à vivre dans son quotidien les expériences en relation avec les mystères médités, accroissant ainsi ses forces intérieures nécessaires pour poursuivre son oeuvre sur le sentier menant à la libération.

Nous allons maintenant analyser ces quinze mystères en les présentant dans l'ordre habituel de leur méditation à savoir: les mystères joyeux, les mystères douloureux et enfin les mystères glorieux. Les cinq premiers mystères, les mystères joyeux, correspondent à l'incarnation et à l'éveil du feu secret, de cette énergie spirituelle à l'origine de la transmutation alchimique. Les cinq premiers mystères sont donc cinq étapes extrêmement précises permettant au feu intérieur de s'éveiller au plus profond de l'être.

Ainsi, le premier mystère joyeux est celui de l'Annonciation. A propos de cet épisode, l'apôtre Luc rapporte dans son évangile: « Le sixième mois, l'ange Gabriel fut envoyé par Dieu dans une ville de Galilée du nom de Nazareth, à une jeune fille accordée en mariage à un homme nommé Joseph, de la famille de David; cette jeune fille s'appelait Marie. L'ange entra auprès d'elle et lui dit: " Sois joyeuse, toi qui as la faveur de Dieu, le Seigneur est avec toi." A ces mots, elle fut très troublée, et elle se demandait ce que pouvait signifier cette salutation. L'ange lui dit: " Sois sans crainte, Marie, car tu as trouvé grâce auprès de Dieu. Voici que tu vas être enceinte, tu enfanteras un fils et tu lui donneras le nom de Jésus. Il sera grand et sera appelé fils du Très Haut. Le Seigneur Dieu lui donnera le trône de David son père; il régnera pour toujours sur la famille de Jacob, et son règne n'aura pas de fin." ».[3]

A l'image de Marie, à qui l'ange Gabriel affirme: « Sois joyeuse, toi qui as la faveur de Dieu, le Seigneur est avec toi. », ce premier mystère joyeux incite l'aspirant à prendre conscience de sa filiation divine, à découvrir qu'il porte en lui la divinité intérieure. Il doit alors réaliser qu'une essence divine réside en lui et qu'il est, en outre, un véritable prince, puisque son Père est roi. En d'autres termes, il doit prendre conscience qu'il est cohéritier du royaume des cieux. Saint Pierre l'affirme avec éloquence: « Vous êtes un peuple choisi, une nation sainte, un sacerdoce royal, une race

3- Luc I, 26-36.

d'élus. ».[4] Or, cette prise de conscience entraîne des conséquences importantes en ce qui concerne le comportement de l'aspirant. Conscient de sa filiation royale, l'initié ne peut plus se comporter comme un simple sujet. Il sait dorénavant qu'en lui réside le feu divin et que ce feu divin ne peut se développer que dans la mesure où il accepte d'obéir à l'esprit, au moi supérieur: « qu'il me soit fait selon votre volonté. ».

C'est pourquoi la soumission et l'humilité sont les mots-clefs de ce mystère. Nous ne pouvons en effet répondre véritablement aux appels de Dieu (notre divinité intérieure) sans être humbles et simples, c'est-à-dire sans avoir accepté le caractère illusoire de notre personnalité auquel s'enchaînent pourtant si orgueilleusement tant d'individus. S'attacher à cultiver l'humilité, c'est aussi développer en soi les dispositions supérieures, élevant ainsi le taux vibratoire de toute la personnalité.

Le deuxième mystère joyeux est celui de la Visitation. Les évangiles rapportent à propos de ce second mystère: « En ce temps-là, Marie partit en hâte pour se rendre dans le haut pays, dans une ville de Juda. Elle entra dans la maison de

4- I Pierre II, 9.

Zacharie et salua Elisabeth. [...] Marie demeura avec Elisabeth environ trois mois, puis elle retourna chez elle. ».[5]

Ainsi, à l'image de Marie se sachant enceinte de Jésus et ne craignant pas de supporter la fatigue d'un voyage malcommode pour aller aider sa cousine Elisabeth, ce second mystère enseigne à se mettre à l'écoute de l'autre en sachant s'oublier soi-même. C'est le deuxième moment dans l'éveil du feu intérieur, moment où l'aspirant prend conscience que seul le service désintéressé permettra le développement de ses forces intérieures. Il importe de bien considérer que Marie, alors enceinte, n'hésita pas à entreprendre un long voyage à travers le désert, avec tous les risques que cela comportait, pour se rendre chez sa cousine Elisabeth et lui porter assistance. Les déplacements en Palestine étaient alors extrêmement difficiles et parfois très dangereux.

Nous pourrions largement développer la symbolique de cette image. Il importe toutefois de bien saisir que ce deuxième mystère porte essentiellement sur le processus de développement du feu intérieur découvert au moment de l'Annonciation. Ainsi, l'aspirant découvre que ce

---

5- Luc I, 39-40, 56.

feu ne pourra véritablement s'éveiller que s'il est mis au service des autres.

Notons également que Elisabeth était une vieille femme stérile et que Marie fut avertie qu'elle devait bientôt enfanter: ce fut la naissance de saint Jean-Baptiste, le précurseur. Or, la vieille femme stérile représente, sur un plan symbolique, la personnalité qui, après avoir eu la prétention de croire qu'elle pouvait créer quelque chose par elle-même, en vient à conclure à sa stérilité. C'est alors, au moment précis de cette constatation, que l'initié devient fécond et qu'il enfante un précurseur.

En d'autres termes, lorsque la matière abdique, prenant conscience qu'elle ne sera jamais l'origine des choses, mais un simple support à travers lequel ces choses pourront se manifester, c'est à ce moment qu'elle est fécondée d'en haut. Ainsi, tant que l'aspirant prétend pouvoir atteindre la réalisation par lui-même, il n'obtient absolument rien et demeure dans la plus complète stérilité. Le jour où il prend conscience de sa stérilité (sa personnalité, si elle n'est pas animée par l'esprit, n'a pas de possibilité de produire quelque chose), il est alors adombré par l'Esprit Saint et fécondé spirituellement. Ajoutons que la fécondité exige la présence de l'autre, l'expérience de l'amour, l'isolement étant mortifère et conduisant à la vacuité la plus pénible.

Le troisième mystère joyeux est celui de la Nativité. Concernant l'événement de la Nativité, l'apôtre Luc écrit: « Or en ce temps-là, parut un décret de César Auguste pour faire recenser le monde entier. Ce premier recensement eut lieu à l'époque où Quirinius était gouverneur de Syrie. Tous allaient se faire recenser, chacun dans sa propre ville; Joseph aussi monta de la ville de Nazareth en Galilée à la ville de David qui s'appelle Bethléem en Judée, parce qu'il était de la famille et de la descendance de David, pour se faire recenser avec Marie son épouse, qui était enceinte. Or, pendant qu'ils étaient là, le jour où elle devait accoucher arriva: elle accoucha de son fils premier-né, l'emmaillota et le déposa dans une mangeoire, parce qu'il n'y avait plus de place pour eux dans la salle d'hôtes. ».[6]

Ce troisième mystère joyeux correspond donc à la troisième étape dans l'incarnation du feu alchimique au plus profond de l'être. De prime abord, il est ici remarquable de constater sur un plan strictement numérologique que les mystères joyeux correspondent aussi aux vertus

6- Luc II, 1-7.

des nombres. Ainsi, le premier mystère correspond à la première étape dans l'incarnation du feu, alors que l'aspirant prend conscience de l'existence de ce feu divin au plus profond de lui-même (le nombre 1). Le deuxième mystère correspond à la deuxième étape dans l'incarnation de ce même feu, alors que l'aspirant prend conscience de l'autre et de la nécessité d'établir une relation d'amour permettant de cultiver ce feu divin et de lui permettre de s'enraciner et de se développer en son être (le nombre 2). Ici, le troisième mystère correspond à la troisième étape, alors qu'apparaît le fruit issu du mariage alchimique de la personnalité et de l'esprit: l'enfant. C'est là un mystère bien représentatif des attributs symboliques du nombre 3.

En étudiant maintenant de manière plus exhaustive ce troisième mystère, l'apôtre Luc précise d'abord que Joseph et Marie durent se rendre à Bethléem, la ville natale de Joseph. Or, cette ville natale représente sur un plan symbolique l'origine de leur existence. Ainsi, avant que la conscience nouvelle puisse véritablement prendre naissance, avant que ce feu divin puisse vraiment s'exprimer, l'aspirant doit d'abord retourner à ses origines, il doit être capable d'abandonner sa situation présente pour remonter aux sources de sa vie et découvrir ce qui l'a fait naître et ce qui l'a conditionné à être tel qu'il est maintenant. Ce retour aux origines est aujourd'hui proposé dans bon nombre de thérapies comme un moyen efficace de transcender certains blocages psychologiques et constitue également une démarche essentielle dans tout processus initiatique.

Mais arrivés à Bethléem, Joseph et Marie doivent ici faire face à un violent rejet. C'est une époque de recensement et tout le pays est en mouvement. Les hôteliers ne manquent pas de clients. Confrontés aux éventuelles complications qu'une femme enceinte pourrait représenter, les hôteliers préfèrent refuser de recevoir le couple. Sur le plan initiatique et à l'image de cet événement, l'aspirant est également confronté au rejet de la part de ceux qui l'entourent. En effet, dans la mesure où il retourne aux sources et commence à réfléchir sur ce qui l'a conditionné, cherchant ainsi à faire naître en lui une conscience nouvelle, il devient un être dérangeant. Ceci entraîne nécessairement une attitude de rejet, une réaction parfois même violente. C'est en fait l'aspect mondain qui lutte pour ne pas être détrôné au profit de la dimension spirituelle.

Ainsi, Marie ne put trouver qu'une crèche pour mettre au monde son fils premier-né. Ce fut donc dans le plus grand dénuement que se fit l'arrivée sur terre de Jésus-Christ. Ce troisième mystère joyeux nous apprend ainsi le détachement des richesses de ce monde. Ces richesses, non seulement matérielles, ont également trait à tous les plans de la personnalité. A l'exemple de Jésus qui naquit dans un grand état de pauvreté, la naissance en soi du feu divin ne peut donc se faire qu'après le renoncement aux valeurs illusoires de ce monde. Ainsi, l'aspirant doit pouvoir se débarrasser de tous ses préjugés, de tout ce qui l'encombre, de tout ce qu'il a construit artificiellement autour de lui.

Notons également que Jésus est réchauffé, nous rapporte la tradition, par un âne et un boeuf. Or, remarquons que l'âne et le boeuf ne vont pas à la mangeoire afin d'y chercher de la nourriture pour sustenter leur dimension corporelle mais pour donner, en communiquant leur propre chaleur à l'enfant. Ceci révèle que lorsque la conscience nouvelle naît en l'homme, il y a un renversement radical des choses. Au lieu d'agir pour lui, l'aspirant agit désormais spontanément pour l'autre. Alors que l'homme ancien agissait sur le mode du recevoir et qu'il nourrissait sa dimension animale, l'homme nouveau agit dorénavant sur le mode du don et nourrit sa dimension spirituelle. Cette inversion symbolique résume le principal sujet de méditation associé au troisième mystère joyeux.

Le quatrième mystère joyeux est la Présentation de Jésus au temple. Concernant cet événement particulier de la foi juive, l'apôtre Luc écrit: « Puis quand vint le jour où, suivant la loi de Moïse, ils devaient être purifiés, ils l'amenèrent à Jérusalem pour le présenter au Seigneur, ainsi qu'il est écrit dans la loi du Seigneur: Tout garçon premier-né sera consacré au Seigneur, et pour offrir en sacrifice, suivant ce qui est dit dans la loi du Seigneur, un couple de tourterelles ou deux petits pigeons. ».[7]

Ce quatrième mystère joyeux représente la consécration aux réalités supérieures symbolisées par le temple et l'adhésion aux grandes lois cosmiques représentées par l'observance scrupuleuse de la loi de Moïse. En effet, présenter Jésus au temple signifie que la conscience nouvelle doit maintenant se consacrer aux lois divines afin que les impulsions de l'esprit puissent vraiment devenir le coeur de la vie quotidienne. Ce quatrième

7- Luc II, 22-24.

mystère est associé à la valeur symbolique du nombre 4 qui représente en quelque sorte l'incarnation plénière du nombre 1. Ainsi, il s'agit ici de la reprise du nombre 1 sur un plan plus incarné.

Nous avions déjà précisé que la première étape consistait en la prise de conscience intuitive de la présence intérieure de Dieu. Or, cette première intuition comporte sous une forme élémentaire une seconde prise de conscience qui consiste à réaliser qu'il faudra agir conformément aux impulsions de cette divinité intérieure. Ce n'est qu'au quatrième mystère joyeux, que cette intuition devient quelque chose de concret et qu'effectivement l'aspirant adhère aux lois cosmiques en cherchant à les incarner dans son vécu quotidien.

Ainsi, à l'image de Marie obéissant à la loi de Moïse et allant au temple pour remplir les exigences de purification sachant pertinemment qu'elle était demeurée pure, ce quatrième mystère enseigne à cultiver l'obéissance. Ce mystère illustre également le moment où nous réalisons pleinement les conséquences associées au fait que nous sommes Fils de Dieu. Pleinement conscients de nos devoirs comme ambassadeurs plénipotentiaires du royaume des cieux, nous devons alors, par notre pureté et notre obéissance, rendre témoignage de ce royaume et ainsi nous en montrer digne.

Le cinquième et dernier mystère joyeux est le Recouvrement de Jésus au temple. A propos de cet épisode, l'apôtre Luc rapporte: « Ses parents allaient chaque année à Jérusalem pour la fête de la Pâque. Quand il eut douze ans, comme ils y étaient montés suivant la coutume de la fête, et qu'à la fin des jours de fête ils s'en retournaient, le jeune Jésus resta à Jérusalem sans que ses parents s'en aperçoivent. Pensant qu'il était avec leurs compagnons de route, ils firent une journée de chemin avant de le chercher parmi leurs parents et leurs connaissances. Ne l'ayant pas trouvé, ils retournèrent à Jérusalem en le cherchant. C'est au bout de trois jours qu'ils le retrouvèrent dans le Temple, assis au milieu des maîtres, à les écouter et à les interroger. Tous ceux qui l'entendaient s'extasiaient sur l'intelligence de ses réponses. ».[8]

Ce cinquième mystère illustre l'étape ultime qui advient après qu'ayant pris conscience du feu intérieur, et ayant adhéré aux lois cosmiques, l'aspirant réalise qu'il devra maintenant se comporter de manière à servir ce plan divin. Ainsi,

8- Luc II, 41-47.

les choses et les comportements considérés comme normaux, logiques et allant de soi jusqu'alors (retourner à Nazareth avec ses parents), doivent être remplacés par un mode de vie apparemment étrange et marginal. Ceci est un élément extrêmement important. Dans toute démarche initiatique, il arrive un moment où, ayant adhéré aux lois cosmiques, l'aspirant sait que les choses ne pourront plus désormais être considérées du même point de vue. La perspective et le comportement doivent être alors ajustés à de nouvelles réalités. En d'autres termes, s'alliant aux lois cosmiques et cherchant à accomplir le plan divin, l'ordre de ce monde est profondément bouleversé. Tout ce qui semblait *a priori* logique et allant de soi ne l'est plus pour la conscience nouvelle. C'est l'établissement d'un nouvel ordre du monde (*novus ordo seculorum*).

Toutefois, il n'est pas évident de se conformer à ce nouveau *modus vivendi* et d'être en mesure de l'assumer. L'initiation n'est pas une chose facile à vivre et ne doit être entreprise que lorsque l'aspirant a atteint une pleine et entière harmonie dans sa vie. Certains regardent les initiés en se disant: « Comme ils ont de la chance, ils possèdent la conscience de vingt-quatre heures, ils voient les auras, ils sont capables de ceci ou de cela. ». Penser ainsi, c'est oublier que pour arriver à cet état, il a fallu une transformation radicale de tout ce qui constituait leur être. Et cette transformation radicale entraîne nécessairement tout un cycle d'épreuves et d'ajustements. C'est en ce sens que le cinquième mystère joyeux est extrêmement important. Ce mystère permet de franchir une autre étape, de méditer et de recevoir les forces nécessaires pour assumer une nouvelle vie et faire en sorte que les choses d'autrefois soient harmonieusement remplacées par une nouvelle réalité.

Je me souviens avoir assisté un jour à une consécration épiscopale à New-York. Au cours de son homélie, l'évêque consécrateur rappela cette mystérieuse capacité que les évangélistes rapportent à propos du Christ. En effet, ils prétendent que le Christ avait la faculté de traverser les foules et d'échapper ainsi aux mains de ceux qui cherchaient à le faire périr. Or, c'est là une clef majeure de la vie initiatique. Passer à travers les foules signifie essentiellement être en mesure de pouvoir agir sans se conformer aux modes et à la manière de vivre habituelle. Cela signifie également que l'aspirant doit atteindre un détachement suffisant pour ne pas être prisonnier de la loi et des concepts de son temps.

Ce cinquième mystère illustre enfin le fait qu'il est essentiel de pouvoir transmettre ce que l'on est (apostolat de l'exemple) et ce que l'on sait. Il appartient à ceux qui ont reçu de répandre ce qui leur a été confié (et non donné !). L'ampleur des connaissances acquises est fonction de celles qui sont transmises.

A la suite de ce cinquième et dernier mystère joyeux succèdent les cinq mystères douloureux. Les mystères douloureux, comme leur nom l'indique, sont encore plus difficiles à vivre que les mystères joyeux. Ils sont en rapport avec la passion du Christ et correspondent à la deuxième étape de l'initiation: la rectification. Ainsi, après avoir bien pris conscience de sa nature divine et après l'avoir développée par le service à autrui, après avoir reconnu que rien n'est possible par lui-même et ainsi avoir acquis une conscience nouvelle, après avoir perdu tout ce qu'il possédait en développant une pauvreté réelle et en s'étant ainsi totalement consacré aux lois cosmiques, après avoir enfin modifié son attitude et sa manière de vivre conformément aux exigences du Christ intérieur, l'aspirant est conduit à la phase suivante: la rectification.

Dans cette seconde étape de son développement, l'aspirant découvre que, malgré sa prise de conscience nouvelle des réalités supérieures qui l'habitent, son passé demeure. Ce passé, lourd à traîner, est ce que les orientaux nomment le karma, ce que les chrétiens appellent le péché. En effet, tout aspirant porte sur ses épaules les conséquences des actes, des attitudes, des sentiments, des pensées qu'il a adoptés dans le passé et qu'il doit maintenant apprendre à rectifier.

Cette rectification s'amorce avec le premier mystère douloureux: Jésus souffrant au jardin de Gethsémani à l'approche de son arrestation et de sa longue passion. Saint Matthieu relate cet épisode en ces termes: « Alors Jésus arrive avec eux à un domaine appelé Gethsémani et il dit aux disciples: " Restez ici pendant que j'irai prier là-bas." Emmenant Pierre et les deux fils de Zébédée, il commença à ressentir tristesse et angoisse. Il leur dit alors: " Mon âme est triste à en mourir. Demeurez ici et veillez avec moi." Et allant un peu plus loin et tombant la face contre terre il priait, disant: " Mon Père, s'il est possible, que cette coupe passe loin de moi ! Pourtant, non pas comme je veux, mais comme tu veux ! "

Il vient vers les disciples et les trouve en train de dormir; il dit à Pierre: " ainsi vous n'avez pas eu la force de veiller une heure avec moi ! Veillez et priez afin de ne pas tomber au pouvoir de la tentation. L'esprit est plein d'ardeur, mais la chair est faible." De nouveau pour la deuxième fois, il s'éloigna et pria, disant: " Mon Père, si cette coupe ne peut passer sans que je la boive, que ta volonté se réalise ! " Puis de nouveau, il vint et les trouva en train de dormir, car leurs yeux étaient appesantis. Il les laissa, il s'éloigna de nouveau et pria pour la troisième fois, en répétant les mêmes paroles. ».[9]

Notons ici que le Christ était accompagné de trois de ses disciples. Chacun d'eux représente un aspect de la force divine, du feu intérieur. Ainsi, saint Pierre symbolise le pouvoir de Dieu; saint Jacques, la pensée de Dieu et enfin saint Jean, l'amour de Dieu. Malgré la présence de ses disciples, c'est-à-dire l'existence de cette triple force intérieure, le Christ souffre. En effet, les disciples s'endorment et ne lui apportent aucun réconfort alors que s'amorce le premier acte dramatique de son terrible destin. Il sera trahi par Judas, renié trois fois par Pierre et finalement entièrement abandonné par ceux à qui il aura pourtant tout donné.

De même que le Christ se retrouve ainsi seul devant lui-même, après avoir vécu les mys-

9- Matthieu XXVI, 36-44.

tères joyeux, l'aspirant se trouve également seul devant lui-même et apparemment abandonné de tous. Aucune institution, aucune personne ne peut dorénavant l'encourager. Il se sent alors un étranger, un solitaire en mal d'amour sur une route abandonnée, à force d'aimer. Son sentiment d'appartenance à une Eglise, une association ou une confession quelconque qui jadis le sécurisait, a disparu. Le réconfort qu'il trouvait autrefois dans la conscience de sa nature divine s'estompe alors et la mise à l'épreuve devient totale. C'est dorénavant le désert complet.

A la fin des mystères joyeux, il se retrouve définitivement seul, tout s'étant mystérieusement endormi. Désormais confronté à son destin, il connaîtra alors l'angoisse que vécut le Christ: « Père si cela est possible que cette coupe s'éloigne de moi. »,[10] la coupe étant le symbole du destin, de la volonté divine et non de la sienne. Il n'est pas facile d'admettre ce nouveau destin et de s'y soumettre. En effet, cette soumission exige une transformation radicale conduisant à la mort précisément symbolisée par le dernier mystère douloureux. C'est donc la mort de l'égo, la mort de la personnalité qui sera l'aboutisse-

10- Matthieu XXVI, 39.

ment ultime du processus de rectification qui s'amorce ici avec le premier mystère douloureux. L'aspirant prend alors conscience que son destin est fondamentalement différent de ceux qui l'entourent et qui, pour cette raison, semblent dormir.

La première phase de cette rectification, l'agonie de Gethsémani, est entièrement résumée en un mot secret de la tradition alchimique: il s'agit du mot vitriol. Lorsque l'aspirant entre dans le cabinet de réflexion avant de recevoir la première initiation de la franc-maçonnerie, on lui communique alors un mot de pouvoir éminemment initiatique, le mot vitriol. Il s'agit de l'abréviation d'une expression latine, qui signifie « Visite les entrailles de la terre et en rectifiant, tu découvriras la pierre secrète, véritable médecine. ». Or, Swedenborg le disait: « La terre est un homme. ». Aussi, les entrailles de la terre symbolisent pour l'aspirant ses propres entrailles, son monde intérieur qui recèle la pierre alchimique, cette force christique aux propriétés mystérieuses et en laquelle réside toute véritable médecine, toute force de transmutation et de régénération. Or, pour cela, il faut évidemment que l'aspirant entre en lui et apprenne à considérer ce qu'il est vraiment. En ce sens, le premier mystère douloureux représente pour l'aspirant une prise de conscience de sa nature profonde, de ses forces comme de ses faiblesses.

C'est aussi la prise de conscience de son karma, c'est-à-dire des conséquences de ce qu'il a vécu et de ce qui doit maintenant être fait pour rectifier cet état et permettre un passage définitif vers un nouveau mode de vie. C'est alors un moment d'une extrême intensité que les anciens associent à une terrible angoisse, celle de la vision du gardien du seuil, ce dragon mythique formé par toutes les erreurs passées et qui garde l'entrée de la grotte où l'initié reçoit l'illumination après avoir vaincu l'horrible bête.

Le deuxième mystère douloureux est la flagellation. A ce propos Matthieu écrit: « Pilate leur relâcha Barrabas. Quant à Jésus, après l'avoir fait flageller, il le livra pour qu'il soit crucifié. ».[11] Si avec le premier mystère douloureux l'aspirant prenait conscience de la rectification à effectuer à l'intérieur de lui-même, lors du second mystère, il amorce véritablement cette rectification en préparant les conditions favorables au travail d'alchimie que nécessite la prise de conscience antérieure. Or, on le sait bien, la

11- Matthieu XXVII, 26.

flagellation était autrefois réservée à ceux qui s'étaient écartés de la loi, qu'elle soit légitime ou non. Ainsi, la flagellation était une méthode de réforme et elle représente ici symboliquement les oeuvres de rectification elles-mêmes.

Or, pour procéder à ces rectifications, l'aspirant aux mystères doit allumer le feu intérieur, celui qui se situe au niveau du coeur. Pour bien saisir ce que cela représente, il serait nécessaire d'élaborer longuement sur l'éveil de ce feu intérieur et sur les conséquences de cet éveil. Considérant ce soir la flagellation comme étant un travail de purification sous le fouet du destin, nous nous intéresserons brièvement aux conditions de purification présentées par la tradition chrétienne.

Les théologiens ont défini à ce propos trois conditions à l'oeuvre de purification: l'*oris confessio* (la confession orale), la *contritio cordis* (la contrition du coeur) et la *satisfactio pro peccatis* (la satisfaction pour les erreurs). L'*oris confessio* est la confession ou la reconnaissance des péchés consécutive à un sérieux examen de conscience par lequel l'aspirant revoit les événements de sa vie passée, en tentant d'y discerner ce qui a été conforme et ce qui a été contraire aux lois divines. La *contritio cordis* est cette disposition par laquelle l'aspirant reconnaît ses torts et amorce les transformations nécessaires. Avec la ferme intention d'agir autrement par la suite, il brûle alors les conséquences négatives de ses actes manqués (karma) avec le feu intérieur qu'il a précédemment allumé. Enfin, la *satisfactio pro peccatis* ne doit pas être perçue, quant à elle, comme une pénitence, mais comme un exercice intérieur donné par un thérapeute de l'âme pour la réharmonisation d'un problème précis. Ainsi, selon l'Eglise catholique, la confession orale, la contrition du coeur et la satisfaction pour les erreurs sont les trois conditions nécessaires que tout aspirant doit réunir pour obtenir l'absolution de ses fautes passées.

Il est également intéressant de noter succinctement que celui qui médite ce mystère en éveillant en lui, avec suffisamment d'intensité, les sentiments qui lui sont associés, produit un véritable éveil de puissants courants énergétiques au niveau de son corps éthérique. Les courants énergétiques agissent alors si puissamment qu'ils sont ressentis comme flagellant véritablement le corps physique. Cette sensation de picotements et de tiraillements parcourant toute la surface du corps constitue l'un des signes que ce mystère commence à paraître et que cette étape a été parfaitement intégrée par l'aspirant.

Le troisième mystère douloureux est associé au couronnement d'épines. Matthieu rapporte dans son évangile: « Ils lui ôtèrent ses vêtements et le couvrirent d'un manteau écarlate. Ils tressèrent une couronne d'épines qu'ils posèrent sur sa tête, et ils lui mirent un roseau dans la main droite; puis, s'agenouillant devant lui, ils raillaient, en disant: " Salut, Roi des Juifs ! " Et ils crachaient contre lui, prenaient le roseau et frappaient sur la tête. ».[12]

Si au premier mystère douloureux, correspondant au nombre 1, nous avions associé la reconnaissance du destin qui conduit à la crucifixion de l'égo (l'oeuvre de la rectification), si au second mystère douloureux, nous avions associé les conditions nécessaires à l'accomplissement de cette oeuvre de rectification (la contrition réelle du moi personnel), enfin au troisième mystère douloureux, nous associons le moment où le moi abdique véritablement. Ainsi donc, ce troisième mystère douloureux correspond au lâcher prise. Tout ce qui faisait l'orgueil du moi est alors rapidement détruit, réduit au ridicule. Les choses

12- Matthieu XXVII, 28-30.

les plus chères et les plus précieuses deviennent la cible de moqueries de toutes sortes. L'aspirant découvre alors la vanité de sa vie ancienne et l'existence de choses bien plus profondes et fondamentales.

Il est intéressant de noter que le Christ couronné d'épines est aussi revêtu par les soldats d'une chlamyde rouge. Cette couleur n'est pas sans rappeler le feu de l'amour qui embrase le coeur, amour divin ou amour humain. En tant que symbole de l'amour divin, le rouge est d'ailleurs la couleur liturgique utilisée lors des messes pour les martyrs de l'Eglise. Dans un vitrail de Bourges, la tête rouge de saint Jean-Baptiste signifie qu'il est un martyr. C'est là le principe de l'abnégation totale, du sacrifice ultime.

Sur le plan énergétique, ce troisième mystère douloureux correspond à l'éveil des glandes pituitaire et pinéale, ce qui est à l'origine d'une étrange sensation de couronne d'épines entourant la tête. Ceux qui font un travail plus technique en méditant ce mystère, ressentent parfois à un moment précis de leur ascèse ce Couronnement d'épines.

Le quatrième mystère douloureux correspond quant à lui au Portement de la croix. Saint Jean rapporte ainsi cet épisode: « Portant lui-même sa croix, Jésus sortit et gagna le lieu dit du crâne, qu'en hébreu on nomme Golgotha ».[13]

Pour bien saisir l'importance de ce quatrième mystère douloureux, il importe de bien comprendre à nouveau que le nombre 4 est une incarnation et un accomplissement du nombre 1. Au niveau des mystères douloureux, le nombre 1 correspondait, nous l'avons vu, à la reconnaissance du destin, c'est-à-dire du nouvel ordre des choses. Avec le nombre 4, l'aspirant se charge de la croix et se met en marche pour accomplir ce destin. Cette marche est extrêmement importante puisqu'elle correspond à l'intégration de ce destin dans l'action. L'aspirant découvre maintenant que la transformation des choses ne peut vraiment se réaliser que dans l'action. En effet, l'action est l'un des aspects les plus fondamentaux de l'initiation car elle implique que la volonté de l'aspirant soit formellement engagée dans l'oeuvre.

Ainsi, l'une des premières disciplines proposées par l'école martiniste consiste à engager sa volonté dans l'action. Je me souviens de cet initiateur qui avait demandé à son disciple d'accomplir au cours de toute une année le rituel

---

13- Jean XIX, 17.

suivant: chaque matin, il devait se lever à deux heures, sortir dans le jardin, ramasser une feuille qui était dans un arbre situé près de la maison, la ramener à l'intérieur et se recoucher. Ce rituel apparemment banal et complètement insignifiant, était en réalité une discipline qui était une manière de porter de sa croix. Il ne faut pas penser que les feuilles ainsi recueillies allaient servir plus tard à une infusion miraculeuse, mais le geste lui-même était d'une grande portée initiatique. Le quatrième mystère douloureux correspond donc à l'étape qui consiste à agir de manière à corriger les conséquences de ces actes passés et à initier de nouveaux élans vers la lumière.

Avec le cinquième mystère douloureux, nous atteignons la plénitude de ces mystères: c'est la Crucifixion du Christ. Les évangiles synoptiques ne donnent aucun détail précis concernant cet événement: « Arrivé au lieu dit le Crâne, ils l'y crucifièrent ainsi que les malfaiteurs, l'un à droite, l'autre à gauche. ».[14] Bien qu'il ne fasse pas état des opérations relatives à la crucifixion, saint Jean rapporte cependant quelques renseignements complémentaires: « Et, baissant la tête il rendit l'esprit. Les Juifs deman-

14- Luc XXIII, 33.

dèrent à Pilate qu'on rompit les jambes des crucifiés et qu'on les enlevât. Les soldats vinrent donc, et ils rompirent les jambes au premier puis à l'autre qui avaient été crucifiés avec lui. S'étant approchés de Jésus, et le voyant mort, ils ne lui rompirent pas les jambes; mais un des soldats lui perça le côté avec une lance, et aussitôt il sortit du sang et de l'eau. ».[15]

A ce cinquième mystère douloureux correspond donc la mort du Christ sur la croix. Au terme de son oeuvre de rectification, l'aspirant atteint la libération de son karma par la mort de l'égo. Il accède alors à une nouvelle conscience: celle de l'amour. Il n'est plus assujetti au karma, il est enfin libre, dégagé du poids de l'incarnation et de la dimension matérielle. Il importe ici de préciser qu'avant cette étape de la crucifixion, l'homme ne connaît pas vraiment ce qu'est la liberté. S'il réagit par rapport à un événement, s'il adopte tel ou tel comportement, ou telle ou telle attitude, c'est toujours en raison des expériences vécues antérieurement. Mais dorénavant, libéré par la mort de son égo, l'aspirant n'est plus conditionné par le passé. Il peut dès lors adopter une attitude empreinte de gratuité.

15- Jean XIX, 30-34.

C'est un état de conscience difficile à imaginer qui permet cependant d'agir sans conditionnement et de manière authentiquement gratuite. Même dans les écoles à caractère mystique et ésotérique, et, bien que l'élève aspire ardemment au service désintéressé, il constate rapidement que sa manière d'agir est toujours conditionnée par le passé ou alors en rapport avec une attente. On ne le dit pas, on ne se l'avoue pas à soi-même, mais au plus profond de soi, on aimerait bien avoir une certaine reconnaissance. Même animé de nobles idéaux, l'aspirant découvre bien vite qu'il cherche à vivre le service désintéressé dans le but d'évoluer !

Avec ce cinquième mystère, il peut maintenant servir en tout désintéressement. En effet, il n'a plus besoin de recevoir parce qu'il a désormais atteint la plénitude intérieure de l'amour. Dorénavant, il peut vraiment donner. Si l'aspirant médite intensément ce cinquième mystère douloureux, il traverse alors ce que la tradition de l'hermétisme chrétien nomme l'épreuve du sang. Des rougeurs apparaissent sur la peau puis s'intensifient progressivement pour enfin produire les cinq stigmates (aux pieds, aux mains et au côté droit de la cage thoracique). Sur le plan symbolique, ces cinq stigmates représentent les cinq sens alchimisés. Il faut savoir en effet que les cinq sens, portes ouvertes sur le monde extérieur, sont les lieux d'ancrage de la conscience dans le monde d'en bas, le plan horizontal. Ils participent ainsi étroitement à l'enchaînement de l'homme et c'est pourquoi leur transmutation générée par la crucifixion de la personnalité réoriente la conscience vers le monde d'en haut, le plan vertical.

Ainsi, par l'alchimie du sens du toucher, naît le don de psychométrie (faculté consistant à identifier par le simple toucher d'un objet des événements auxquels cet objet a participé dans le passé). De l'odorat naît le don de prémonition (faculté essentiellement basée sur un ressenti accompagné de certitudes démontrables concernant des faits cachés ou des événements à venir). De la vue naît le don de clairvoyance (faculté à percevoir les énergies et les entités provenant des mondes spirituels). Du sens du goût naît le don de discernement (faculté à juger intuitivement et sûrement des valeurs esthétiques, en particulier dans ce qu'elles ont de correct et de délicat). De l'ouïe naît enfin le don de clairaudience (faculté d'entendre des sons provenant des mondes spirituels).

Ainsi donc s'achèvent les cinq mystères douloureux. Ils sont suivis des cinq derniers mystères du rosaire: les mystères glorieux. Enfin dégagé de la douleur, l'aspirant connaît alors la gloire. Ce n'est plus la joie de pressentir en lui les germes d'une vie nouvelle comme dans les mystères joyeux. Ce n'est plus la douloureuse préparation à l'adeptat comme dans les mystères douloureux. C'est maintenant l'épanouissement, le rayonnement de ce qui était originellement en potentiel. Ce troisième cycle de mystères est bien évidemment en association avec les réalités du nombre 3, le nombre de la plénitude et de la réalisation.

Les cinq mystères glorieux sont donc les mystères de la réalisation spirituelle et le premier d'entre eux, c'est la Résurrection de Jésus, le matin de Pâques. Matthieu écrit dans son évangile: « Après le Sabbat, à l'aube du premier jour de la semaine... Mais l'ange prit la parole et dit aux femmes: " Pour vous, ne craignez pas, car je sais que vous cherchez Jésus qui a été crucifié. Il n'est point ici; il est ressuscité, comme il l'avait dit. " ».[16]

16- Matthieu XXVIII, 1,5.

Cette Résurrection représente le triomphe des forces de la lumière sur les forces des ténèbres qui entraînent la transmutation complète de l'être. C'est la transélémentation. Il faut bien comprendre ici, que la résurrection des corps n'est pas la reconstitution des corps matériels. Le corps du ressuscité n'est pas un corps de chair et, sur ce point, saint Paul le déclare fort bien: « ni la chair ni le sang ne peuvent hériter du royaume des cieux. ».[17] Ce corps de ressuscité est même si différent du corps charnel que les femmes ne reconnaissent pas le Christ dans le jardin des Oliviers et le prennent pour le jardinier. Il faudra attendre que celui-ci les interpelle pour que leurs yeux s'ouvrent et qu'elles reconnaissent alors que c'est le Christ qui se trouve devant elles. Une femme fit même un mouvement pour le toucher et le Christ lui dit: « Ne me touche pas parce que je ne suis pas encore remonté vers mon Père. ».[18]

Le corps ressuscité est donc un corps de lumière, la matière physique qui le composait antérieurement a été sublimée par la force d'amour. Saint Paul remarque à juste titre: « Il en est ainsi, pour la résurrection des morts: semé

17- 1 Corinthiens XV, 50.
18- Jean XX, 16-17.

corruptible, le corps ressuscite incorruptible; semé méprisable, il ressuscite éclatant de gloire; semé dans la faiblesse, il ressuscite plein de force; semé corps animal, il ressuscite corps spirituel. ».[19] Ce n'est donc pas dans un corps matériel que l'être humain ressuscitera, mais dans un corps que saint Paul apparente à un corps psychique, à un corps d'énergie ou de lumière.

Fort intéressante à ce sujet est l'opinion qu'avance Origène: « Sur quoi il faut bien comprendre que tout corps assujetti par la nature aux lois de la nutrition et de l'élimination - soit plante, soit animal - change constamment de substratum matériel. Aussi compare-t-on bien le corps à un fleuve, parce que, à parler exactement, le substratum primitif ne demeure peut-être pas même deux jours identiques en notre corps, bien que l'individu, Pierre ou Paul, soit toujours le même... [...] Cependant la condition du corps est de s'écouler: la forme caractéristique du corps demeure identique, et aussi les traits qui distinguent corporellement Pierre et Paul, comme les cicatrices conservées dès l'enfance et autres particularités, taches de rousseur par exemple: cette forme corporelle, qui distingue Pierre ou Paul, à

19- 1 Corinthiens XV, 42.

la résurrection revêt de nouveau l'âme, d'ailleurs embellie; mais sans le substratum qui lui fut primitivement assigné.

Comme cette forme persévère, de l'enfant au vieillard, malgré les conditions profondes que présentent les traits, ainsi doit-on penser que la forme présente persévérera dans l'avenir, d'ailleurs immensément embellie. Car il faut que l'âme, habitant de la région des corps, possède un corps à l'avenant de cette région. De même que, si nous devions vivre dans la mer comme les animaux aquatiques, il nous faudrait des branchies et les autres organes des poissons, ainsi, pour hériter du royaume des cieux et habiter une région différente de la terre, il nous faut des corps spirituels; notre forme première ne disparaîtra point pour autant, mais elle sera glorifiée, comme la forme de Jésus et celle de Moïse et d'Elie restait la même dans la transfiguration. ».

Ainsi Origène affirme que, lors de la résurrection, l'âme réincorpore non pas le corps matériel en tant que corps de chair (substratum matériel) mais la forme corporelle qui survit à ce dernier et qui ne périt pas avec lui; cette forme corporelle manifeste alors toutes les caractéristiques physiques propres à l'individu mais ici magnifiées et sublimées.

Ce premier mystère nous révèle donc que l'être humain ne doit pas chercher à se séparer de son corps matériel mais au contraire à l'alchimiser. C'est une illusion que de croire que l'homme va quitter ce monde matériel en abandonnant son corps physique. A chaque fois qu'il le fait, il revient dans un nouveau corps. C'est le cycle des renaissances et de la réincarnation. L'homme ne quittera définitivement ce monde d'en bas que lorsqu'il aura su alchimiser son corps de matière pour en faire un corps de lumière. Son destin n'est pas de se séparer de la dimension corporelle, mais de réintégrer cette dimension corporelle dans la lumière. C'est ce que Martines de Pasqually appelait la réintégration. La dimension corporelle participe donc à la gloire initiatique.

Le second mystère glorieux est celui de l'Ascension, le Christ retourne vers le Père. Saint Marc écrit dans son évangile: « le Seigneur après leur avoir parlé, fut enlevé au ciel, il s'assit à la droite de Dieu. ».[20] Avec ce second mystère, et après avoir perçu intuitivement le mystère de la

20- Marc XVI, 19.

Résurrection, l'aspirant s'interroge sur la manière d'atteindre cette transélémentation du corps. N'oublions pas que le nombre 2 représente la matrice, c'est-à-dire le moyen par lequel le nombre 1 va s'accomplir. Les éléments de réponse se trouvent dans le mystère de l'Ascension de Jésus-Christ vers le Père. Le Père représente en effet le principe originel, mais également la volonté divine, les lois cosmiques. Le Christ remontant vers lui à travers l'Ascension, indique que la conscience, pour alchimiser le corps et le transmuter, doit retourner à ses origines divines et fusionner avec celles-ci.

En fait, le second mystère glorieux correspond en d'autres termes au désir du ciel. Selon la tradition de l'hermétisme chrétien, le désir du ciel conduit au ciel. Cette expression profondément initiatique renferme la clef de ce second mystère glorieux. Pour se libérer de l'emprise du monde d'en bas, l'aspirant doit en effet orienter sa conscience vers les mondes supérieurs et désirer de tout son être sa réintégration dans le royaume céleste. Déjà dans la Grèce antique, Platon enseignait à ses élèves la manière de focaliser toute leur attention vers le monde des Idées. S'ils réussissaient, ils pouvaient alors prétendre échapper au cycle des incarnations.

Le troisième mystère glorieux correspond à la descente du Saint-Esprit sur les apôtres le jour de la Pentecôte. Le récit de cette effusion de l'Esprit Saint se trouve dans les Actes des Apôtres: « Le jour de la Pentecôte, ils étaient tous ensemble dans le même lieu. Tout à coup, il vint du ciel un bruit comme celui d'un vent impétueux, et il remplit toute cette maison où ils étaient assis. Des langues, semblables à des langues de feu, leur apparurent, séparées les unes des autres, et se posèrent sur chacun d'eux. Et ils furent tous remplis du Saint-Esprit, et se mirent à parler en d'autres langues, selon que l'Esprit leur donnait de s'exprimer. ».[21]

Après avoir vécu un événement extraordinairement pénible, l'arrestation et la condamnation à mort de leur maître et Seigneur, les disciples se retrouvent seuls. Leur idéal vient d'être entièrement détruit alors qu'ils souhaitaient, confortés par leur éducation juive, que le Christ, reconnu comme messie, instaure une nouvelle royauté à la manière de David. Mais, désormais la risée de tous ceux qui les avaient prévenus que cet homme n'était rien d'autre qu'un illuminé, ils ont peur eux-mêmes d'être

---

21- Actes II, 1-4.

persécutés et se cachent dans un endroit secret, à l'abri de la population. Ils ne savent que faire, ils sont désemparés, et c'est alors qu'une force divine descend en eux.

Ainsi, il se produit alors quelque chose d'extraordinaire: les apôtres sortent de leur cachette, ils n'ont plus peur de rien et sont envahis d'une joie telle que saint Pierre doit préciser: « Non ils ne sont pas ivres, on est au début du jour ».[22] C'est alors le début d'une évangélisation extraordinaire où chacun, à l'exception de Jean, trouvera la mort sans toutefois l'avoir crainte. Cet épisode de la Pentecôte représente le moment où s'éveillent en l'homme les charismes de l'esprit (don de crainte, don de piété, don de force, don de conseil, don d'intelligence, don de sagesse, don de science). L'aspirant est alors investi d'une force spirituelle extraordinaire, et rien ne peut plus l'arrêter. Son témoignage n'est plus prosélytique, mais il devient un véritable rayonnement qui transforme tous ceux qui le reçoivent. Nous vous suggérons pour plus de détails de vous référer à notre conférence sur les dons du Saint-Esprit.

22- Actes II, 15.

Au quatrième mystère glorieux est associée l'Assomption de Marie. Le dogme de l'Assomption déclare que la Vierge Marie, Mère de Dieu, après avoir achevé le cours de sa vie terrestre, a été élevée en corps et en âme à la gloire céleste. Ce quatrième mystère glorieux correspond au premier mystère glorieux, la Résurrection de Jésus, mais cette fois-ci à un niveau différent, à un niveau plus humain. Marie représente la personnalité qui est entièrement transmutée. C'est le corps qui s'alchimise: c'est le vêtement de noce auquel fait allusion le Christ dans la parabole des invités: « Entré pour regarder les convives, le roi aperçut là un homme qui ne portait pas de vêtement de noce. " Mon ami, lui dit-il, comment es-tu entré ici sans avoir de vêtement de noce ? " Celui-ci resta muet. Alors le roi dit aux serviteurs: Jetez-le, pieds et poings liés, dans les ténèbres du dehors: là seront les pleurs et les grincements de dents. " ».[23]

« Mourez avant que vous ne mouriez », déclarait Angélus Silésius. Par ces paroles, il voulait ainsi affirmer que l'homme doit mourir à sa nature instinctuelle en transmutant sa personnalité avant de connaître la mort biologique.

23- Matthieu XXII, 11-13.

Revêtu alors de son vêtement de noce, il peut ainsi réintégrer le royaume des cieux échappant à la mort spirituelle. C'est le rite de l'Assomption vécu par la Vierge Marie.

Le cinquième mystère glorieux, le dernier du cycle des quinze mystères, correspond au Couronnement de Marie. La notion de couronne est très importante dans la symbolique traditionnelle. Pensez à la couronne du roi. Lorsqu'elle est placée sur la tête, la couronne symbolise la plénitude et la réalisation de la conscience ainsi que l'accomplissement plénier. C'est Kether, la première *sephirah* de l'arbre de vie, la couronne d'éternité, disent les kabbalistes anciens. Ainsi, le couronnement de Marie au ciel représente la réalisation plénière définitive et absolue de la conscience humaine qui vient de parachever le cycle de son évolution.

En fait, cette couronne de gloire évoquée dans l'Apocalypse lorsque saint Jean décrit une femme « revêtue de Soleil, la Lune sous ses pieds, et une couronne de douze étoiles sur sa tête » n'est autre que la dimension supérieure de la couronne d'épines posée sur la tête du Christ au moment de la Passion. Or, si la couronne d'épines était le symbole de l'appartenance au monde d'en bas, monde dérisoire et éphémère, la couronne de gloire dont le Christ revêt Marie est le symbole de son appartenance à la Jérusalem céleste, cette cité de gloire. C'est pourquoi d'ailleurs les apôtres n'assisteront pas au Couronnement de Marie, ne pouvant élever suffisamment leur conscience pour participer à ces réalités sublimes.

Ainsi donc, à travers les quinze mystères du rosaire, on découvre une richesse à la fois symbolique et pratique. A chaque mystère correspond en effet un instrument, un outil de travail associée à l'*instrumenta* des traditions alchimique et chevaleresque d'autrefois. Celui qui se livre avec ferveur et dévotion chaque jour à la pratique du rosaire, s'offre donc le plus sûr moyen de progresser spirituellement. « Il faut que l'âme échappe à l'illusion égocentrique ou " séparative ", déclare l'abbé Henri Stéphane,[24] et le moyen de cette transfiguration est et demeure la prière. C'est en prononçant les noms divins de Jésus et de Marie que l'esprit accomplit en nous le mystère de l'Incarnation et de la Transfiguration, de la Purification et de l'Illumination. En disant " Marie " l'âme s'identifie à la substance

24- Abbé Henri Stéphane, *Introduction à l'ésotérisme chrétien.*

primordiale toujours vierge; en disant " Jésus ", le Verbe-Intellect s'y incarne et la transfigure. Et tout cela est l'oeuvre du Saint-Esprit. ».

Ainsi, dans cet état de conscience particulier favorisé par la récitation du chapelet, lorsque le mental est neutralisé et que tout l'être est en quelque sorte programmé par les énergies psychiques de l'*Ave Maria*, la visualisation des quinze mystères associés aux sentiments correspondants devient une pratique initiatique exceptionnelle dont les effets alchimiques sont considérables. Lorsque ces quinze images sont fixées dans la conscience et qu'elles sont l'objet d'une profonde méditation, l'aspirant intègre véritablement ce qu'elles signifient sur un plan symbolique. La pratique du rosaire ouvre ainsi les portes du monde d'en haut et permet à l'aspirant de pénétrer les plus profonds mystères de la vie, de la mort et de la renaissance.

SOMMAIRE

Lithographié au Canada
sur les presses de
Metrolitho inc. - Sherbrooke